DEMAIN

Raphaël Rossello

DEMAIN

La fin de l'insouciance ?

MAREUIL
ÉDITIONS

Du même auteur

L'opportunité du covid 19, Mareuil Éditions, 2020

ISBN 978-2372542623
Pour vous tenir informé des prochaines publications de Mareuil Éditions, rendez-vous sur : www.mareuil-editions.com

Malheur à vous, conducteurs aveugles !

Matthieu 23:16

À Sabine

Sommaire

Effondrement de la croissance depuis 1970

(Banque mondiale)

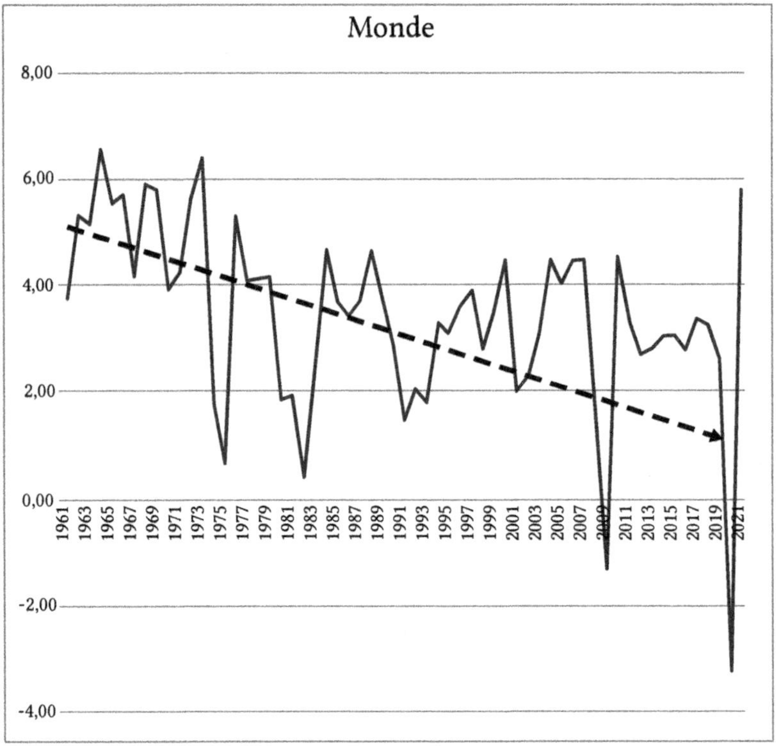

Effondrement de la productivité depuis 1970
(Banque de France)

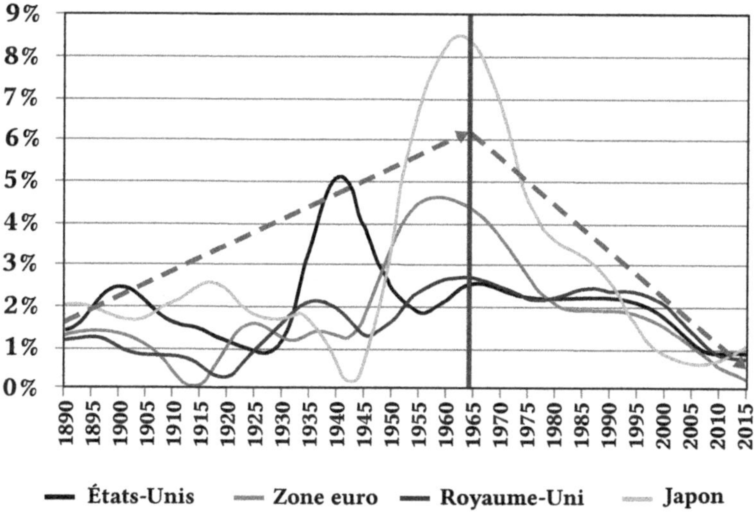

Source : Bergeaud, Cette et Lecat (2016) –
voir www.longtermproductivity.com

1. Le bouleversement de 1970

De l'interdit à l'interdiction d'interdire

Mon existence bascule le 13 septembre 1970 avec la mort de mon père et signe la fin de mon insouciance. Trente ans plus tard je réalise que cette même date est également celle de la fin de l'insouciance occidentale. La publication ce jour-là dans le *New York Times* d'un article célèbre de Milton Friedman[1] permet d'en témoigner.

Banquier de l'économie réelle, fier d'être européen et libéral convaincu, je déplore les dérives d'un néolibéralisme[2] porteur d'un climat d'incertitude persistant responsable du déclin de l'espérance.

---

1. Économiste américain. Prix Nobel d'économie en 1976. Fondateur de l'école de Chicago porteuse du message « monétariste ». Un des grands défenseurs du néolibéralisme.

2. *L'auteur insiste sur la différence entre le Libéralisme qui est un bouleversement philosophique établissant l'État de Droit, la Démocratie libérale et l'économie de marché comme moyens privilégiés du Progrès social et le Néolibéralisme qui est un modèle de gestion de la société, cassant les servitudes historiques de la règlementation sociale, économique, fiscale, monétaire et financière pour libérer à l'extrême l'innovation technologique et la circulation des biens, des personnes et des capitaux dans le but premier de restaurer la rentabilité déclinante du capital.*

Les spéculations vont bon train sur les troubles sanitaires, géopolitiques et financiers mais l'inquiétude résulte de la capacité d'aborder la crise naissante alors que les dirigeants n'ont toujours pas admis les mécanismes réels et profonds des précédentes. Leur diagnostic étant erroné, ils se tromperont une fois de plus de remèdes.

Plus précisément, l'angoisse n'est pas provoquée par l'occurrence certaine de cette crise, mais par l'ampleur et la durée de ses conséquences sociales et politiques.

Pour rétablir la confiance, les dirigeants et gouvernants doivent rapidement prendre conscience de la priorité qu'ils doivent accorder à la dimension humaine des convulsions répétées.

S'ils persistent à ne voir que la dimension économique et financière de cette crise, alors nous allons nous retrouver, pour la première fois depuis la fin du XVIIIe siècle, dans une impasse profonde et d'une nature inédite.

Comme beaucoup d'adolescents, j'ai été marqué par *La Métamorphose* de Kafka. Comment oublier le désespoir de ce représentant de commerce assistant à sa transformation en un monstrueux insecte ? J'observe les indices concordants de la métamorphose de notre écosystème depuis que le néolibéralisme est devenu le dogme dominant en se substituant au libéralisme originel.

La fierté des baby-boomers naquit de leur certitude qu'avant 1970 l'Occident avait atteint le statut enviable de civilisation. Qualificatif synonyme de progrès et de justice. Cette fierté vient de l'intime conviction que cet aboutissement se perpétue et met fin aux épisodes récurrents de barbarie et de sauvagerie des siècles passés. Bien avant la « Fin de l'histoire » de Francis Fukuyama[3], l'édification du système occidental était enseignée comme la plus aboutie de l'histoire de l'humanité.

Autour des années 1970, cette conviction n'est plus justifiée que par l'aveuglement de l'orgueil refusant de voir que la civilisation occidentale avait atteint son zénith. Parler de point culminant sous-entend une phase de déclin ou de régression inaudible pour l'arrogance collective.

Proclamer qu'« avant c'était mieux » prouve l'ignorance de la puanteur et de la sauvagerie du Moyen Âge et de la constante guerrière des siècles suivants. En revanche, ne pas assumer l'inflexion de 1970 est une autre inconscience.

Avant 1970, la vision du monde était simple : combat entre la démocratie, l'économie de marché et le capitalisme d'un côté et la dictature et l'économie centralisée de l'autre. De ce côté-ci du mur de Berlin, nous étions satisfaits de nos acquis et de notre certitude de poursuivre la voie tracée par nos ancêtres. La démocratie était vivante, présente, vigoureuse et enthousiasmante. En témoigne le faible taux d'absentéisme aux élections nationales et régionales. Les assemblées d'actionnaires étaient un lieu riche de débats utiles à la vie de l'entreprise. Les

3. Chercheur américain en sciences politiques. Reconnu pour sa théorie de la fin de l'histoire, dont il admet, trente ans plus tard, les limitations avec le cas de la Chine dont il dit qu'elle « est le plus gros défi au récit de la "fin de l'histoire", puisqu'elle s'est modernisée économiquement tout en restant une dictature ».

syndicats de salariés étaient puissants et représentatifs des intérêts de leurs adhérents. La modération intrinsèque de la social-démocratie était le pivot central des politiques européennes. Le radicalisme, le fanatisme, le nationalisme et le totalitarisme, causes des désolations du passé récent, semblaient en voie d'extinction. Le rapport de force était en régression tant l'état de droit et le débat raisonné s'imposaient dans la vie publique, économique et sociale. Or, depuis lors, nous sommes les témoins attristés, ou en colère, d'un taux d'abstention électorale en hausse incompréhensible dans toutes les démocraties. La représentativité des syndicats professionnels ou de salariés est en baisse. Contre toute attente, le discours trompeur des radicaux, extrémistes et populistes connaît un renouveau. Pire, des centaines de millions de citoyens leur accordent leur confiance pour l'amélioration de leurs conditions.

Tous les indicateurs d'avant 1970 confortaient les raisons de l'espérance collective : le plein emploi s'accompagnait en Europe continentale de contrats de travail parmi les plus protecteurs qui aient jamais existé. L'indicateur de la croissance économique, bien qu'elle soit apparue dans la décennie des années soixante, était sacralisé comme nouvelle boussole de nos existences. Elle était robuste et récurrente. Elle était d'autant plus perceptible que l'ascenseur social avait été un véritable big bang des classes moyennes, forces de traction du progrès social. Le capitalisme libéral avait été générateur d'une prospérité commune et de la conviction qu'elle ne cesserait jamais de croître. Les fins de mois difficiles restaient le lot des classes sociales les plus défavorisées.

Or les classes moyennes, fierté des démocraties d'antan, sont désormais confrontées à des difficultés matérielles qu'elles ignoraient. Leur incompréhension devant des problèmes que leurs parents ne connaissaient pas augmente le sentiment d'injustice. Dans la recherche instinctive de coupables, les Britanniques l'attribuent à l'Europe en votant le Brexit, les oubliés de la cybercroissance américaine voient en Donald Trump leur sauveur, les Gilets jaunes français mettent en cause leur président jugé trop libéral. Les difficultés économiques poussent les extrêmes à se rapprocher dans un combat de tous contre l'Autre, nécessairement responsable de leurs nouveaux tracas ou tourments matériels.

Avant 1970, on apprend dès l'enfance que l'édification de la maison commune est faite d'efforts individuels dans une perspective globale. Une éducation exigeante et largement partagée permettait d'admettre la complexité du monde même si on laissait aux esprits les plus experts le soin de l'analyser et de la comprendre. L'hyperspécialisation de l'enseignement s'est généralisée pour répondre aux exigences de la productivité, en réduisant l'étendue des connaissances et par conséquence le sens critique des populations. Ce qui ouvre la porte aux explications simplistes. Régression rendant le dialogue impossible avec des élites trop éloignées des préoccupations quotidiennes.

Le club de Rome se réunissait en 1968 pour alerter sur les risques écologiques. Ces derniers semblaient tellement éloignés qu'on profitait aveuglément d'un consumérisme peut-être mauvais pour la planète, mais tellement gratifiant pour l'ego et même pour le collectif puisqu'il était le moteur de la prospérité matérielle. Cependant cette abondance coupable promettait un avenir nécessairement meilleur que celui des prédécesseurs. Ce futur bienheureux était ignorant de la manipulation des informations, de la concentration des richesses, de la concurrence déloyale, de l'obsolescence programmée des biens de consommation, du marketing de l'addiction, de la surveillance de masse, du travail gratuit et autres déboires de l'économie numérique. C'était le temps des vocations, dans la médecine, l'enseignement, la justice et même dans l'industrie encore motrice de l'expansion matérielle. En guise de vocation, les « startuppeurs » et bien d'autres professionnels ont pour seul objectif la fortune, quasi certains qu'ils l'obtiendront et rapidement de surcroît. Ils laissent vacantes des places requérant une aspiration plus désintéressée et pourtant indispensables.

Dans les années 1960, un professeur de philosophie élève de Bergson et de Bachelard martelait à ses étudiants « qu'ils perdraient leur vie à la gagner ». Cette phrase n'était pas une condamnation ni du cynisme mais la matrice de l'âge adulte. La première des obligations de la vie est d'assurer sa subsistance matérielle mais les baby-boomers ont été des goinfres insatiables, avalant les progrès techniques sources d'autonomie et de productivité. Ce professeur de philosophe se ferait lyncher sur les réseaux sociaux puisque désormais le travail doit être fun, cool, gratifiant et avoir du sens.

Avant 1970, il était usuel que des tentures funéraires ornent l'entrée des immeubles pour témoigner de la mort de l'un des habitants. Elles rappelaient en permanence la finalité de l'être. Cette proximité de la mort ayant été éradiquée pour laisser l'être s'épanouir dans l'ultra consommation, l'effarement des plus jeunes Occidentaux fut total avec la pandémie du COVID rappelant que nous étions mortels. La mort revient aujourd'hui sous la forme d'une pandémie, d'une guerre en Europe et de risques climatiques. Quelle perspective de choix entre le virus, le canon et la sécheresse ?

Jacques Dutronc chantait en 1968 « fais pas ci, fais pas ça » quelques jours avant qu'on n'affiche sur la porte de la Sorbonne qu'« il est interdit d'interdire ».

Entre la guerre des six jours de 1967 et la première crise pétrolière de 1973 se situe l'apogée de l'Occident et le début d'une inflexion méconnue. Cette étrange métamorphose est tout simplement ignorée bien qu'elle soit une mutation notable du progrès d'antan. Être progressiste, avant cette période, répondait à des aspirations et des objectifs inchangés depuis Victor Hugo. Pour ce père fondateur de ce mouvement libérateur, seuls ceux et celles œuvrant à l'amélioration des conditions de vie des plus démunis méritaient ce qualificatif élogieux. Désormais, d'aucuns s'autoproclament progressistes en accordant de nouveaux droits à ceux qui les réclament et en glorifiant un progrès technologique massif, intensif et disruptif. Leur souci de la misère humaine touchant de nouveau une majorité des citoyens occidentaux n'est qu'une posture.

Les néoprogressistes sont adeptes d'une financiarisation du monde dont ils se persuadent qu'elle est bienheureuse. Avant eux, la finance était au service de l'économie, elle-même au service de l'être humain. Depuis, c'est l'homme qui est au service de l'économie, elle-même au service de la finance.

Acteur de la finance mais aussi témoin lucide et inquiet de cet état de fait, j'ai conscience d'être passé par un point culminant, suivi d'une régression, signe de la fin de l'insouciance.

À son apogée, en 1970, les citoyens de l'Occident avaient en commun la sensation d'une satiété propice au bien-être. Depuis, étant devenus dépendants des stimulations addictives du divertissement, ils sont de plus en plus en étant de manque.

Cet état d'addiction peine à dissimuler l'appauvrissement du plus grand nombre. Je ne parle pas de l'augmentation des inégalités, mais d'un état de dépossession, de privation et de frustration qui n'est ni enseigné, ni décrit dans les médias influents, ni analysé par la doxa.

Il y a sûrement une réalité cachée qui est le lieu géométrique, une sorte de point commun des inversions, des inflexions, des changements de vérités après 1970 en contradiction avec les précédentes. En dépit du dopage, quelle peut être la source originelle du climat d'incertitude économique persistant et grandissant ? Serait-ce la baisse de la croissance économique depuis cette date, comme le confirment toutes les données fiables à l'image de la Banque mondiale[4] ?

Mon « Constat » : la notion de croissance économique est mort-née

Il est surprenant d'évoquer sans complexe la croissance « à crédit » comme une banalité inévitable. On ne se préoccupe que du niveau de crédit jugé acceptable. C'est par exemple le critère de Maastricht des 3 % du PIB adopté par les pays membres de l'Union européenne. Sorte de nombre d'or avec lequel nous pourrions vivre éternellement.

Poser une hypothèse, c'est essayer de débusquer une vérité. Or je n'ai pas encore entendu un sachant de la chose politique et économique soulever l'hypothèse de ce qu'aurait pu être la période de croissance à crédit sans crédit. Elle aurait le mérite de révéler notre écosystème dans sa nudité.

L'idée de cette hypothèse m'est venue au retour d'une visite du CERN[5], organisme international ayant construit le plus grand accélérateur de particules à la frontière franco-suisse. Son objectif est époustouflant puisqu'il doit permettre l'observation de la réalité des choses et des êtres au-delà de la perception que nous en avons. Il permet à la communauté scientifique de repousser les limites de la connaissance. Pour atteindre ce but, on accélère en sens

4. Banque mondiale : croissance du PIB (% annuel) | data (banquemondiale.org)
5. Conseil européen pour la recherche nucléaire, institué en 1952, le plus grand centre mondial de physique des particules.

inverse deux faisceaux de particules élémentaires de même nature pour qu'elles entrent en collision. L'énergie de ce choc génère des températures devant tendre vers celles de l'origine du cosmos et permettre de débusquer ainsi les plus petites composantes de la matière de notre monde et de nous-mêmes.

Il apparaît que la réalité ne peut naître que de la collision d'éléments comparables. Opposer le libéralisme au socialisme centralisé ou la démocratie libérale au totalitarisme n'apporte rien. En revanche, confronter violemment le libéralisme avec le néolibéralisme est une façon d'en débusquer la réalité cachée. Acceptant d'entrer en collision avec les théories dominantes, je cherchais inlassablement à expliquer l'intuition obsédante selon laquelle la richesse ostentatoire de certains pays, de certaines activités et de certaines personnes cache l'appauvrissement du plus grand nombre.

Puisqu'une telle idée ne laissait pas de traces tangibles et évidentes, où pouvais-je espérer trouver des éléments de réponse ? C'est une étude sur les États-Unis d'Amérique qui m'a mis par hasard sur la voie.

Les États-Unis d'Amérique restent le symbole de l'Occident. Ils ont l'avantage de n'avoir connu ni invasion, ni changement de régime politique, ni changement de monnaie depuis leur constitution. Ils sont de ce fait une mine d'informations statistiques particulièrement fiables. Ce pays est depuis plus d'un siècle à la fois la preuve et le moteur du cercle vertueux du progrès matériel occidental. Successeur de la révolution industrielle britannique, il reste l'objet de rêves, d'espérances et d'une confiance mondiale qu'il exploite habilement avec la domination de sa monnaie, de sa technologie, de ses moyens financiers et militaires.

Après la grande récession de 2008, les États-Unis ont la conviction qu'un nouveau cycle d'expansion va naître. Les divergences entre les deux grands courants politiques portent sur des points de société mais s'estompent dès qu'il s'agit de la politique économique idéale pour eux et pour l'humanité. Elle se résume en un mot : la croissance.

Imprégné de l'idée que le salut économique viendra une fois de plus de cette grande nation, j'ai découvert, avec stupéfaction, une courbe de l'histoire des déficits américains en pourcentage de leur PIB depuis 1791. Cette courbe figure dans une note de février 2012 de la banque fédérale de Saint-Louis[6] dont les signataires analysent la dérive des déficits publics depuis 1962. En revoyant quatre ans plus tard cette même courbe, au profil si particulier, j'ai pris conscience de l'importance considérable de son message.

L'aggravation du déficit budgétaire américain est constante depuis soixante ans, contrairement aux cent soixante-dix années précédentes. Période ayant respecté l'injonction de George Washington selon laquelle une génération n'a pas le droit de s'endetter au-delà de ce qu'elle peut rembourser au cours de son existence. À

6. "*How good are the Government's deficit and debt projections?*" https://research.stlouisfed.org

l'exception des années de guerre et de la dépression de 1929, les finances publiques étaient au mieux en excédent, au pire en équilibre. Durant cette très longue période, tous les ressorts de l'expansion issue de la révolution industrielle étaient présents : la croissance démographique, le progrès scientifique et technologique, l'abondance des ressources naturelles, l'accumulation du capital, l'augmentation des niveaux de vie, l'essor du commerce international, le perfectionnement de l'état de droit et les motivations d'un peuple persuadé d'être l'élu de Dieu.

Pourtant, durant les cinquante dernières années, ce pays accuse un déficit public persistant et en moyenne de 5,2 % du PIB alors qu'il n'a affiché qu'une croissance moyenne de 2,6 %. Ces chiffres sont si différents de la perception que nous avons de cette puissance que le principe de normativité financière s'impose.

La normativité est mise en œuvre pour définir la récurrence, la permanence et l'authenticité d'un agrégat financier. Elle exige de déduire de toutes données comptables les éléments négatifs qui lui correspondent. Si on ne déduit pas les avoirs à émettre d'un chiffre d'affaires, les comptes sont faux. Si on ne déduit pas les passifs engagés pour acquérir ou développer un actif, les comptes sont faux. Si on ne déduit pas d'une activité économique les subventionnements obtenus pour la soutenir, les comptes sont faux.

Les modalités de calcul du déficit public étant différentes selon les pays, les résultats qui suivent sont donnés à titre d'ordre de grandeur d'une croissance normative.

En appliquant ce principe de bonne conduite on peut dire, avec une très faible marge d'erreur, que les États-Unis n'auraient connu qu'une croissance moyenne négative de -2,6 % pendant quarante-cinq ans.

En admettant avec le CBO[7] que le coût de la dette a été sur cette période d'environ 2 %, sans un recours récurrent au déficit public les États-Unis auraient été en récession pendant le demi-siècle précédant la pandémie du COVID. Le niveau de cette récession chronique aurait été négatif, d'environ -0,6 % par an.

Cherchant à savoir si cette situation, pour le moins stupéfiante, avait été spécifique aux États-Unis, on découvre, en appliquant le même principe à d'autres pays occidentaux, que les situations françaises et britanniques sont analogues. Seule l'Allemagne échappe, en partie, à ce constat.

Pendant les cinquante ans précédant 2019, la France a affiché une croissance moyenne du PIB de 1,8 % en ayant engagé un déficit public moyen de 3,4 %. La croissance normative de la France aurait été négative d'environ -0,3 % après correction du coût de la dette estimé à 1,2 %. La situation du Royaume-Uni est identique.

Il est ainsi établi que l'endettement des pays occidentaux doit croitre deux fois plus vite que la croissance qu'ils veulent obtenir ! En mémoire de mes leçons de

7. Bureau du budget du Congrès américain, une agence fédérale chargée d'établir et de contrôler les prévisions budgétaires. Elle s'occupe également de suivre les effets de la dette. Elle anticipe un déficit de plus de 10 % du PIB des États-Unis à l'horizon 2030.

philosophie, j'utilise la différence d'Emmanuel Kant entre le phénomène et le noumène. La croissance économique observée par l'esprit est le « phénomène » alors que la récession sous-jacente en est le « noumène », la vérité intrinsèque.

En quoi ce constat est-il bouleversant ?

D'abord, il contredit tout le discours occidental depuis des décennies.

Ensuite, la notion de croissance négative étant difficilement concevable, il faut imaginer que sans le dopage persistant des déficits publics des pays comme les États-Unis, la France et la Grande-Bretagne auraient interrompu leur développement autour de 1970 !

Ce chiffre misérable marque la fin d'une très belle histoire. Sorte de conte de fées où l'homo sapiens est devenu un dieu, maître et possesseur d'une corne d'abondance inépuisable. Celle d'un progrès technique, économique, matériel et politique perpétuel avec lequel il était facile de se projeter dans le futur. Bien que ce constat ne concerne qu'un seul paramètre de la vie sociale, on perd d'un seul coup la totalité des repères de l'idéal occidental. Preuve en est que l'économique prime désormais sur la condition humaine.

Le constat dénonce l'escroquerie intellectuelle consistant à continuer l'emploi inconsidéré du mot de croissance qui est de fait une mort-née. En effet, le mot de croissance n'est apparu dans le discours collectif qu'autour des années 1960 avec la mise en place des comptabilités nationales permettant aux États de calculer leur produit intérieur brut et par voie de conséquence sa variation d'une année sur l'autre. Ces comptabilités publiques sont apparues au plus tôt avec la crise des années 1930 et au plus tard à la fin des années 1960. Or, durant les deux siècles ayant précédé cette période, ce mot de croissance n'existe pas. Il n'est pas employé. On parle de notions plus larges et vagues comme la prospérité, l'expansion, le développement, en bref le progrès. D'où l'étrangeté de sacraliser cet indicateur au moment même où commence son déclin. La croissance économique amorce son crépuscule, son agonie, juste après son couronnement.

À l'ère de l'éthique et des bonnes pratiques, il serait justifié que les chefs d'État fanfaronnant pour un regain de croissance aient l'honnêteté d'annoncer simultanément le déficit correspondant. Ce serait la véritable transparence.

En suggérant que les sociétés occidentales reposent sur un mirage, sur un mensonge, le constat est embarrassant pour le consensus qui martèle que nous continuons d'être sur un roc de prospérité. Ce bouleversement est d'autant plus lourd que le mensonge est universel. Mensonge des individus et des collectivités. Mensonge des États et de leurs dirigeants ne voulant pas aborder une problématique contraire à leur façon habituelle de gérer. Mensonge des élites se revendiquant progressistes pour en tirer leur légitimité. Légitimité également des chefs d'entreprise qui leur ont emboîté le pas en faisant l'annonce d'une croissance perpétuelle à leurs actionnaires, à leurs employés et à toutes leurs parties prenantes. Mensonge et légitimité du chef de famille se voulant rassurant en répétant *ad nauseam* à ses proches : « demain sera mieux car demain on aura davantage ». Légitimité des enseignants perpétuant les préceptes de leurs ancêtres selon lesquels l'indicateur fétiche mérite d'être au cœur de toutes les politiques sociales, économiques, monétaires. D'ailleurs, puisque ce constat ne figure pas aux programmes de Sciences Po, de la Harvard Business School ou d'Oxford, c'est qu'il n'existe pas. Donc, il est inutile de s'en préoccuper !

Le constat fortifie l'inquiétante percée de la « post-vérité ».

Ce néologisme est apparu aux États-Unis avec le siècle. La post-vérité est une distorsion délibérée de la réalité. C'est la manipulation des croyances et des émotions dans le but d'influencer l'opinion publique et le comportement des personnes. Elle cible les émotions des individus pour manipuler leurs idées tout en camouflant les faits. Elle n'est l'attribut d'aucun courant de pensée spécifique. On la retrouve tout autant dans le discours des partis dits de gouvernement que d'opposition. La déformation de la réalité suivie de sa manipulation garantit aux politiciens en place de conserver le pouvoir ou à leurs opposants de le conquérir. L'essor des réseaux sociaux et d'Internet permet aux « *fake news* » de prendre une importance démesurée d'autant que l'anonymat, prévalant sur le Web, protège les auteurs de toute mise en jeu de leur responsabilité.

Pour toutes ces raisons, la récession sous-jacente de grands États occidentaux se cache dans l'impossibilité de l'envisager. Même si les responsables envisagent une fraction de seconde cet état de fait, ils continueront d'affirmer *urbi et orbi* que la croissance va revenir car elle doit revenir. Elle le doit car l'économie est très souvent autoréalisatrice. Affirmons-le, cela finira bien par arriver.

J'aimerais avoir tort. Mais comment continuer de croire dans cette manne alors qu'elle a disparu sur le plan comptable depuis quarante ou cinquante ans des grands pays occidentaux à l'exception de l'Allemagne et des pays rhénans. Exceptions riches d'enseignements dont on tirera quelques solutions sur lesquelles nous reviendrons.

Pour appréhender la vérité se cachant derrière mon constat, revenons brièvement sur les deux siècles précédents.

Pendant toute la période allant de la machine à vapeur à la conquête de la Lune, l'Occident jouit de « la » croissance qu'il n'est alors point nécessaire de nommer spécifiquement. L'expansion du progrès matériel est à la fois puissante et autonome. Le capitalisme étant de façon structurelle assujetti à des cycles, la machine européenne puis américaine a la capacité quasiment génétique de renaître avec force des phases de ralentissement. Les finances publiques redeviennent régulièrement équilibrées ou bénéficiaires.

Dans le jargon financier, on peut dire que les pays de l'Occident connaissent une longue période de croissance « organique » coupée d'épisodes de crises, révoltes, révolutions ou guerres n'ayant pas pu briser la puissance de sa dynamique. Ce mot signifiant « naturel » en anglais, on peut dire que l'expansion occidentale est « bio » jusqu'à la fin des Trente Glorieuses. Depuis plus d'un demi-siècle la croissance occidentale est sous perfusion, elle n'est plus autonome et n'a plus le même niveau de fertilité.

Pour cacher pareille misère, les agents économiques vont mettre en œuvre ce que le prophète Amos avait annoncé il y a plus de deux mille huit cents ans : « Nous allons diminuer la marchandise, augmenter les prix et fausser les balances ». Vérité éternelle.

Observateur insatiable du terrain, je ne décèle aucun signe montrant que cette situation puisse être réversible. L'Europe et les États-Unis ne veulent pas l'envisager, persistant à convaincre le monde que leur modèle de démocratie libérale et de croissance économique est le meilleur. Les conséquences de ce déni sont d'autant plus sévères que les répercussions de cet état de fait s'aggravent à chaque instant.

2. Le perceptionnisme et les *fake news*

Des voix s'élèvent pour dénoncer la croissance à crédit et franchissent une première marche vers la vérité, se préoccupant de ne plus la « financer ». Elles ont raison, mais elles restent timorées par rapport à l'ampleur du sujet. Elles expriment seulement le sentiment le plus largement partagé que la croissance n'est pas en cause, puisqu'elle existe par elle-même.

Dire qu'il faut arrêter de financer la croissance montre l'abîme existant entre l'espoir que les politiques tiennent leurs promesses et l'absurdité toxique de son existence actuelle. Ce mot magique a acquis une telle substance, un tel poids que l'idée de s'en affranchir est inenvisageable. Étant sincèrement opposé aux sirènes de la décroissance ou de la post-croissance, j'alerte sur le piège consistant à conserver ce mot comme pivot de toute décision puisqu'il a été vidé de son sens et de son utilité.

Dire qu'il faut arrêter de financer la croissance présuppose que formellement, elle pourrait perdurer sans être financée : C'est « la *fake news* » de ce dernier demi-siècle.

Non, la croissance ne peut plus être autonome ou naturelle, et le maintien de son apparence est désormais consubstantiel de l'accroissement de l'endettement. Voilà cinquante ans que le taux de croissance de la France et d'autres pays n'existe plus qu'avec un taux d'accroissement supérieur de l'endettement.

Dans ces conditions, comment les ministres des Finances osent-ils déclarer que la croissance remboursera la dette alors qu'elle en est totalement tributaire ?

Est-ce un vœu pieux, un mensonge, ou une incompétence ? À moins que ce ne soit tout simplement un cocktail de lâcheté et de refus d'envisager autre chose que la facilité d'utiliser indéfiniment un artifice pour afficher du progrès là où il n'y a que régression.

Je vois bien l'effroi que suscite mon constat. Le plus inquiétant est l'obstination à ne pas l'envisager.

Dès qu'on accepte que le moteur de notre bien-être ne soit plus que le fruit d'une augmentation de la dette, on explique beaucoup de convulsions de l'Occident que la doxa préfère ignorer en les attribuant à d'autres causes. Tant que ce constat n'est pas validé par un collège de sages, il sera ignoré ou fera l'objet de ricanements permettant aux dirigeants de poursuivre leur acharnement suicidaire sans être inquiétés, sans devoir rendre de comptes.

De ce fait, le dysfonctionnement entre l'endettement et la croissance n'a jamais été évoqué dans l'analyse des crises depuis cinquante ans. Le krach financier du Japon en 1990 n'est que la conséquence d'une surabondance d'épargne engendrée par le miracle japonais. L'implosion de la bulle internet en l'an 2001 n'est due qu'aux attentats du 11-Septembre associés à des anticipations décevantes sur l'avenir des autoroutes de l'information. La grande récession causée par la crise des subprimes de 2008 prouve que la méchante finance est toujours aussi irresponsable et ne dit pas un mot sur la réalité profonde de l'écosystème.

Dans cet état d'esprit, quelle aubaine pour les gouvernants que de subir coup sur coup les attaques d'un virus puis d'un autocrate. Sans rien enlever à la gravité de ces deux drames, ils constituent deux boucs émissaires bien opportuns pour ne pas avoir à révéler l'absurdité dans laquelle s'enferme le paradigme dominant. La mauvaise foi persistante fait de la pandémie du COVID puis de la guerre en Ukraine les responsables d'une grave récession suivie d'une inflation imprévisible mais aussi d'un retour de la radicalité et de la violence dans le dialogue politique et social. Il est évident que ces deux évènements sont des détonateurs. Mais ils ne sont que les révélateurs de crises qui seraient de toute façon advenues à brève échéance.

Ce n'est pas parce que l'exploitation des idées de Karl Marx a été un désastre que certaines de ses analyses ne sont pas pertinentes. Par exemple, la baisse tendancielle des taux de profit, qu'il avait prédite, est une réalité tangible et mesurable que je constate quotidiennement dans mon métier. Cette tendance étant avérée, l'ingénierie financière redouble d'imagination pour doper le rendement du capital. Ce savoir-faire n'enlève rien au fait que le capitalisme reste le moins mauvais des systèmes économiques et politiques, mais qu'il est structurellement assujetti à des crises répétitives. Donc, COVID et Poutine sont des chances non pas pour ceux qui les subissent mais pour l'intelligentsia du pouvoir universel ! Des alibis pour détourner le regard des opinions publiques d'une réalité que les gouvernants refusent d'aborder.

Le refus d'admettre que nous sommes sous le diktat d'une monstrueuse « *fake news* » vient aussi de l'incapacité des princes à se remettre en cause. Mettre en doute leurs certitudes constituerait un acte héroïque.

Selon le vocabulaire à la mode, il faut sortir de la zone de confort. Confort reposant sur un mirage alors que nous pensions l'avoir construit sur de robustes fondations dont témoignent les réalisations occidentales des XIXe et XXe siècles. Les détenteurs de pouvoir, qu'ils soient politiques, économiques ou sociaux, refusent une idée et une vérité contraires à celles qui leur a permis d'accéder à ce pouvoir.

Conséquence : les politiques raisonnent désormais avec une très grande rigueur mais sur un postulat erroné. Celui d'une réalité économique qui n'existe plus.

Elle se fracasse sur le mur du déni. Car le déni est inné. Il est instinctif. Il se niche dans les automatismes de l'âme humaine et nombre de psychologues le révèlent comme un mécanisme d'une étrange puissance. Jules César disait que les hommes ne croient que ce qu'ils veulent croire et pour le philosophe Michel Onfray, l'homme ne veut pas voir ce qui est mais ce qu'il préfère voir. Le monde tel qu'il est ne lui convient pas et il lui substitue le monde tel qu'il devrait être. Pour en avoir discuté avec des chercheurs, on ne peut pas imaginer la force de ce phénomène tant qu'on n'a pas été confronté à l'expérience d'un déni de grossesse dont le processus reste inexplicable.

Comme il est tout aussi inexplicable que la croissance économique, thermomètre universel, soit mort-née, le processus ayant conduit à cet état de fait reste singulier et inacceptable. La puissance du déni se conjugue avec l'autosuggestion de la pensée positive. Qu'il soit feint ou sincère, le positivisme produit des anticorps venant instantanément attaquer une telle absurdité empreinte d'un déclinisme de mauvais aloi. Les contre-feux à mon constat sont les témoignages d'un renouveau prometteur de l'esprit d'entreprendre, la prise de conscience rassurante des jeunes d'avoir à s'adapter à un nouvel environnement, ou d'autres messages porteurs d'un optimisme crédule.

Contourner la réalité cachée est même plébiscité par les opinions publiques votant pour les plus belles promesses sans se soucier de leurs conséquences désastreuses puisqu'aucun politique ne les a dénoncées. On se souvient de la levée d'indignations contre un Premier ministre évoquant l'état de faillite du pays. Il n'y a pas que les politiques. Les médias, soucieux de leur audience, sont réticents à publier dans leurs colonnes ou sur leurs ondes tout sujet contrariant les idées positives attendues par l'audimat. Il est tellement plus facile de reporter la responsabilité sur les épaules de nos descendants car eux trouveront bien la solution ! Car eux sont optimistes...

ce qui est faux pour la majorité des jeunes populations occidentales.

Cette posture d'autruche retarde une prise de conscience salvatrice. Cette action présuppose que les raisons de la fierté et de la supériorité du modèle occidental auraient été éphémères et passagères. Penser aux chocs que ce sera quand les cercles d'entrepreneurs, de politiques et de penseurs de Berlin, Paris ou New York, héritiers des théories des XIXe et XXe siècles, seront contraints d'admettre cette évidence.

En politique, il ne faut jamais admettre. Cette roublardise aussi vieille que la civilisation sera mise à mal. Car il certain qu'un jour, l'entre-soi aux manettes de la planète sera contraint de le confesser publiquement en faisant porter la responsabilité sur le coupable idéal.

Mon unique vœu est que la prise de conscience soit la plus proche possible car plus on la retarde, plus les apprentis sorciers inondent la planète de liquidités non remboursables. La première montée des eaux ne sera pas climatique, elle sera financière, au sens figuré.

Au lieu d'attaquer les raisons ayant provoqué la fausse croissance, on s'emploie à les contourner. En premier lieu, car elle introduit l'idée que la longue période de convergence des idéaux politiques et de l'amélioration des conditions d'existences est en voie d'extinction. En second lieu, parce qu'il existe un moyen très puissant de l'esquiver : c'est la création de patrimoines artificiels.

Aborder une *terra incognita* sans croissance naturelle paraissant impossible, l'isolat du pouvoir évite l'obstacle en favorisant les moyens propices à l'augmentation des patrimoines non provoquée par la croissance correspondante des richesses réelles. La trousse à outils de ces techniques s'appelle la « création de valeur » qu'on devrait qualifier de « dopage de la valeur ». On préfère les chimères réconfortantes plutôt que les faits contrariants.

Étant un ingénieur de ce type de transactions, dites de création de valeur, j'observe le fonctionnement de l'industrie florissante qui la fabrique. Cette production de valeur bénéficie depuis des lustres de la prédominance du maître mot « la perception est plus importante que la chose elle-même ».

En 1872, Claude Monet peint une toile qu'il baptise « Impression. Soleil levant ». Il n'a pas idée de l'importance du mouvement « impressionniste » qui est né ce matin-là. Un siècle plus tard est né le « perceptionnisme ». L'esprit a une conscience immédiate d'une réalité extérieure quand il la perçoit.

L'histoire appréciera l'ampleur des répercussions du perceptionnisme issu du slogan américain *« perception is reality »* (la perception est la réalité). Apparue dans les années 1980, cette formule est attribuée à Lee Atwater, stratège du parti républicain américain. Elle est devenue à la même époque une devise princeps de Wall Street. Variante du déni, la puissance de la perception est d'admettre que l'opinion publique voit les évènements à travers ses propres lunettes colorées, teintées de ses opinions politiques, de ses croyances, de ses expériences personnelles et de son histoire. Convaincu que la forme prime le fond et que l'apparence prime la réalité, j'observe, depuis les années 1980, que le monde financier va dans cette direction, même s'il s'en défend.

La matière première de l'investissement étant l'épargne, depuis la Deuxième Guerre mondiale la plus grande tirelire mondiale est celle destinée à couvrir la rémunération des retraités des pays occidentaux et du Japon. Schématiquement, la pension des retraités est assurée par deux grands mécanismes.

Le premier est la retraite par répartition née des politiques de solidarité, surtout européennes, postérieures à la Seconde Guerre mondiale. Elle est fondée sur le principe que la population active cotise pour les personnes retraitées. Ayant vécu dans ce principe, je suis désarmé par des documents tels que celui du FMI de 1997[8] disant qu'un système de retraite par répartition peut déprimer l'épargne parce qu'il crée de la sécurité dans le corps social ! Ou encore celui de la Banque mondiale en 2000, signé Robert Holzmann[9], disant qu'une couverture complète dans le cadre d'un système par répartition entrave l'apparition de fonds de pension et retarde le développement d'un marché financier sophistiqué ! Il est vrai que ces opinions émanent d'organismes anglo-saxons fiers d'être dans un

8. Cuevas, Gerson, Mackinsey, "*Pension Regimes and Saving*", IMF Occasional Papers 153 (1997).
9. Robert Holzmann, "*The World Bank Approach to Pension Reform*", Social Paper n°SP9807 (1999).

écosystème où les fonds de pension règnent en maître sur l'épargne et les retraites par capitalisation.

Compte tenu de l'inversion du rapport entre les actifs et les retraités dans les dernières décennies, la retraite par capitalisation semble incontournable en totalité ou pour partie des pensions versées. Les fonds de pension collectent cette épargne et dans le cadre de leur mandat de gestion, ils investissent près de la moitié des capitaux en valeurs mobilières. De ce fait, plus la valeur des actions et autres valeurs mobilières augmente, plus les détenteurs de cette épargne sont rassurés sur leur futur.

La retraite par capitalisation devient-elle vraiment incontournable ? L'argument de ses partisans est que cette forme de retraite « pèse » moins sur les actifs que celle par répartition. Cette idée préconçue est fausse, en grande partie. En effet, que ce soit par répartition ou par capitalisation, la rémunération des retraités repose toujours sur les actifs. Qu'il s'agisse de points de retraite acquis par répartition ou d'un capital accumulé par capitalisation, la rétribution des inactifs est générée par le travail et l'intelligence des actifs. Il faut vraiment en finir avec cette idée, simpliste et bien ancrée, que les individus auraient un libre choix entre ces deux modèles. Cela signifierait qu'il existerait une sorte de revenu immanent, de « rente autonome » et indépendante. Non, c'est toujours la richesse produite par le travail et le talent des hommes et des femmes qui rémunère les inactifs.

En Europe, on comprend aisément le mécanisme de répartition. Répondant à un principe de solidarité, les actifs sont ponctionnés d'une part de leurs revenus pour être reversés aux retraités. Contrairement aux apparences, dans le cas des retraites par capitalisation, ce n'est pas l'accumulation d'un stock de capital qui sert à financer les retraites des cotisants. C'est de nouveau l'action productive des actifs qui va permettre aux entreprises, dont ils sont indirectement les copropriétaires, d'assurer les retraites par la voie de dividendes ou de génération de plus-values en capital. Dans les deux cas, plus les actifs sont riches, en nombre de points ou en valeur de capital, plus ils ont confiance dans l'avenir, plus ils prennent le chemin de la consommation, moteur de la croissance économique.

L'épargne-retraite n'est pas le seul patrimoine mais il est suffisamment important pour que les gouvernements essaient d'en augmenter la valeur afin de créer un « effet richesse ». C'est Mario Draghi, quand il était président de la Banque centrale européenne, qui a clairement annoncé que la BCE lance un rachat massif d'obligations dont il attend « qu'il aurait un effet richesse pour les marchés, les investisseurs et à la fin des fins pour l'économie ». Il reprend les recommandations du prix Nobel Paul Krugman[10] disant en 2002 : « Pour combattre la récession, la FED a besoin d'une explosion de la dépense des ménages » et pour y parvenir, Paul McCulley de PIMCO – un des plus grands gérants obligataires au monde – précisait : « il faut créer une

10. Paul Krugman obtient en 2008 le prix Nobel d'économie pour ses travaux sur le commerce international en concurrence imparfaite. Il est pro-libre-échange tout en étant assez keynésien dans le sens de la nécessité de réduire les inégalités.

bulle immobilière pour remplacer la bulle du Nasdaq » ! Ils ne font que mettre en œuvre des politiques monétaires accommodantes participant à la constitution de bulles spéculatives qui viennent boursoufler les patrimoines.

En 2008, Jean-Paul Rodrigue[11], universitaire nord-américain, a consacré ses travaux à l'analyse des bulles. Ayant découvert de grandes similitudes entre les différentes bulles financières, il les a synthétisées dans une courbe qui se décompose en quatre phases. La première est celle du décollage du prix des valeurs mobilières par l'arrivée de l'argent qu'il qualifie d'« intelligent » parce qu'il achète en premier le potentiel d'augmentation d'une valeur. Le mouvement se poursuit par l'arrivée des investisseurs institutionnels qui amplifient le décollage. S'ensuit une troisième phase, la plus puissante, qu'il qualifie de « maniaque ». C'est le moment où se mélangent la cupidité et l'illusion de croire qu'on est devant une situation nouvelle, une situation inédite, dont la puissance de création de valeur va outrepasser toutes les précédentes. À l'occasion de chaque bulle, j'ai entendu le même refrain : « cette fois-ci, c'est différent ». Cette conviction de bénéficier d'une situation totalement nouvelle est relayée par les médias et leaders d'opinion partageant l'envie profonde de croire dans la force de l'enrichissement ainsi obtenu. Une fois le sommet atteint, arrive la désillusion et l'éclatement de la bulle. Cependant, la phase de contraction

11. *Jean-Paul Rodrigue's "Stages of a Bubble" for COINBASE:BTCUSD by kharak* – TradingView

pouvant durer des mois, on constate qu'elle est parsemée de rebonds provoqués par ceux et celles n'acceptant pas l'irréversibilité de la baisse.

Les analyses de Rodrigue confirment que la phase de bulle est bien le résultat d'un processus mental contraire à toute rationalité. Elles confirment que prises dans leur globalité, les dynamiques économiques sont en vérité sous l'emprise de croyances et de foi.

Depuis des décennies, la succession d'explosions des bulles, suivies de leurs implosions, n'ébranle pas les investisseurs institutionnels rassurés d'être sous la protection des banques centrales. Et à l'idée cynique que les petits épargnants, en dernier ressort, supporteront les pertes. Les avertissements des autorités publiques n'y changent rien. Lors de l'une des bulles financières à Londres au début du XVIIIe siècle, on demanda à Isaac Newton, physicien et directeur de la Maison de la Monnaie, son opinion sur la singularité des marchés. Il répondit : « Je peux calculer le mouvement des astres mais pas la folie des gens ».

Cette folie est largement partagée depuis les élites dirigeantes jusqu'aux citoyens les plus humbles, alimentant les mêmes faiblesses humaines siècle après siècle du phantasme du veau d'or. N'y recherchons aucune rationalité. Le ressort est le désir de participer à un phénomène qui les dépasse et va les enrichir. Des tulipes hollandaises de 1637 aux bitcoins de 2021, le processus est rigoureusement le même : la certitude de l'enrichissement facile crée la pulsion d'achat.

Le secteur immobilier connaît le même mécanisme. Jacques Friggit, spécialiste de ce domaine, analyse depuis des décennies l'évolution des prix de l'immobilier. Comme son confrère Rodrigue pour les valeurs mobilières, il synthétise ses travaux sous forme d'une courbe publiée depuis 1990 et qu'il est coutumier d'appeler « le tunnel ». Ce terme correspond à une fourchette de plus ou moins 10 % autour d'une constante égale au prix du mètre carré dans une zone spécifique que les ménages peuvent acquérir en fonction de leurs revenus. La pertinence de ce tunnel a été confirmée lors des corrections de 1990 et de 2009. Elles ont prouvé la solidité de son constat : quand les prix de l'immobilier s'écartent de plus de 10 % de la constante, ils sont mécaniquement corrigés. Ce qui n'est pas le cas actuellement puisque mondialement ce secteur reste soutenu par des incitations monétaires et par le réflexe de précaution contre le risque d'une baisse brutale des valeurs boursières.

Compte tenu de l'hégémonie de la perception sur la réalité, les leaders, impuissants à relancer la croissance d'antan, privilégient l'augmentation des patrimoines pour doper le moral des ménages sans se préoccuper de sa réalité ou de son bien-fondé. Quand les grands argentiers parlent d'« effet richesse », il serait plus approprié de parler d'« effet patrimoine » ou « effet fortune ». Le caractère illusoire ou factice des patrimoines se dissimule derrière la confusion entre quatre mots : richesse, patrimoine, valeur et prix.

Le caractère factice de la richesse patrimoniale provient d'abord d'un décalage persistant, depuis un demi-siècle, entre le taux de croissance de la production de richesses réelles et celui de l'accroissement de la valeur des patrimoines. Quelle que soit la bonne terminologie, c'est le très contestable « ruissellement » qui est recherché. Mais rien n'y fait : l'effet patrimoine devant entraîner l'effet richesse puis l'effet de ruissellement ne fonctionne pas. Comme nous l'avons vu précédemment, il est établi que l'endettement des pays occidentaux doit croitre deux fois plus vite que la croissance qu'ils veulent obtenir !

Le mot de valeur a des significations diverses et vagues, couvrant indifféremment la valeur morale, la valeur d'une méthode, la valeur d'un témoignage, ou enfin la valeur d'une mesure, d'une quantification. Devant le flou de ce concept, le prix est au contraire un élément concret, certain et précis. Il est le fruit d'un échange, d'une transaction. C'est la raison pour laquelle, dans le credo libéral anglo-saxon, le prix de marché est le degré le plus élevé d'exactitude de la valeur. Le prix serait donc une mesure objective puisqu'elle résulte de nombreuses confrontations sur les marchés. Se pose alors la question de savoir si le prix, par nature exact et précis, peut néanmoins être considéré comme sincère. C'est dans la sincérité que se logent d'autres ambiguïtés.

Je suis très attaché au critère de sincérité car s'il est vague et subjectif, en revanche son absence est grave et objective puisqu'elle signifie la tromperie. Le manque ou le défaut de sincérité est donc bien au cœur de la mystification d'un patrimoine artificiel.

Quelles peuvent être les entraves à la sincérité d'une valeur ou de son prix ? J'en ai identifié une demi-douzaine que je qualifie de « perturbateurs de la sincérité financière ».

Le premier des perturbateurs est la politique monétaire dont le but n'est pas de favoriser directement la production et la consommation de biens et de services mais de contribuer à une inflation des valeurs. Depuis quelques décennies, des « politiques monétaires accommodantes » sans précédent contribuent à abaisser les taux d'intérêt au niveau le plus bas de l'histoire, les rendant même parfois négatifs. Cette surabondance de liquidités favorise l'usage massif de ce qu'il est convenu d'appeler l'effet de levier, c'est-à-dire l'endettement. Plus le coût de la dette est faible, plus il est financièrement avantageux d'augmenter l'effet de levier pour doper le rendement du capital investi. Les performances financières à deux chiffres de certains fonds d'investissement sont exactes mais elles donnent le sentiment trompeur qu'ils ont investi dans des sociétés sur-performantes. En vérité, ils investissent dans des entreprises simplement capables de rembourser l'endettement concomitant. La performance est réelle mais l'origine est trompeuse.

Le second est l'importance du système bancaire dit de l'ombre, le « *shadow banking* ». Il désigne des institutions ayant des activités bancaires sans être des banques. Il se situe en marge des régulations et bien que le Financial

Stability Board ait été créé en 2009 pour le contenir, il reste toujours hors de contrôle. Tous les bénéficiaires de sa puissance peuvent à loisir intervenir sur les marchés de l'immobilier ou des valeurs mobilières dans des proportions et selon des mécanismes restants opaques, comme son nom l'indique.

Le troisième perturbateur est le rachat par les entreprises de leurs propres actions. Imaginez un promoteur immobilier rachetant ses propres logements pour soutenir leur prix. C'est légal, mais sans autre utilité économique que de maintenir artificiellement le cours de ses actifs et de ses actions. Cette pratique se déchaîne depuis l'implosion de la bulle internet en 2002 et atteint désormais des montants en trillions de dollars. Même si des voix s'élèvent, par exemple des sénateurs aux États-Unis, pour lancer un cri d'alarme, cette pratique se généralise sous l'impulsion et l'exigence des fonds d'investissement revendiquant ouvertement leur activisme. Le seul but est de faire monter le cours des actions avec la complicité active des managers dont les plans d'intéressement en actions, plus généralement les « stock options », participent massivement à leur propre rémunération.

Il existe aussi des algorithmes « icebergs » pour masquer des ventes massives d'investisseurs institutionnels risquant de réveiller les craintes des petits porteurs et de polluer leur confiance.

Le cinquième perturbateur est l'intervention des banques centrales comme acheteurs de valeurs mobilières. Cette pratique contribue en toute légalité à tromper les épargnants. La fonction des banques centrales est d'être la sentinelle des économies et des marchés. Elle n'est en aucun cas de soutenir artificiellement le marché financier. Surtout dans la durée. L'entre-soi financier n'apprécie d'ailleurs pas qu'on démontre la parfaite synchronicité entre l'ascension vertigineuse des marchés, après le début de la pandémie, et celle des rachats massifs par les grandes banques centrales. Une très bonne analyse a été faite sur ce sujet par trois universitaires[12].

On trouve le sixième perturbateur de sincérité dans la méthode de calcul d'une valeur. Avec l'effondrement en 1989 du bloc soviétique et la preuve de l'inefficience d'une économie dirigée, les principes du libéralisme, et donc du capitalisme, sont devenus universels. L'un d'eux est le mode de calcul de la valeur intrinsèque d'une valeur mobilière : elle se résume à la somme des bénéfices futurs d'une entreprise. Ce devrait être l'unique définition utilisée en économie libérale pour expliquer une valeur « cible » devant s'approcher du prix. Le capital engagé pour financer une entreprise doit être rémunéré en fonction du flux de bénéfices qu'elle est en mesure de distribuer. La rigueur apparente de cette formule se heurte à l'estimation des bénéfices futurs. Rien n'étant jamais certain dans l'avenir, dès qu'on parle des profits à venir, il existe une part de subjectivité dans les hypothèses prises pour les déterminer. Mes confrères banquiers-conseils,

12. R. Bhar, A.(Tassos) G. Maliaris, M. Maliaris : "*Quantitative easing and the US Stock Market: A Decision Tree Analysis*", Review of Economic Analysis 7 (2015).

qui accompagnent des entreprises dans la recherche du financement le plus adéquat pour leur développement, sont confrontés aux choix des hypothèses de cette subjectivité. Selon qu'on est côté acheteur ou vendeur, la valeur « rationnellement calculée » est différente.

En stimulant la valeur perçue, la financiarisation du monde permet l'affichage d'une apparente prospérité, exaltante mais dissimulant son état de récession sous-jacente.

Cette apparente richesse patrimoniale est un décor de façade qui ne peut pas résister à l'inflation monétaire imposant une remontée durable des taux d'intérêts et aux besoins de liquidité consécutifs.

3. Les périls à venir

L'industrie financière, régnant sur les destinées de la planète, s'inquiète uniquement de la persistance d'un avenir incertain pouvant déboucher sur une crise financière, puis économique, dont elle ignore l'étendue et la gravité. Sans écarter la possibilité qu'elle soit effectivement d'une ampleur comparable aux épisodes les plus sombres du capitalisme, ce n'est pas là que je situe la gravité de la prochaine crise. La grande dépression des années 1930 a été la dernière en date à avoir entraîné de monstrueuses répercussions sociales, politiques et guerrières. Les krachs et récessions de 1973, 1987, 1990, 2001 et 2008 n'ont eu que marginalement des effets de sédition et de révoltes. L'économiste Hyman Minsky[13] a voulu comprendre ces désastres et arrive à la conclusion qu'ils sont dans les gènes de l'expansion qui les précède et que l'excès de crédit en est toujours la cause.

La relative modération des crises antérieures s'explique par le fait que, depuis la Renaissance, l'endettement était

13. Économiste américain du xxe siècle spécialiste des crises financières liées au surendettement..

la cause des crises financières mais également leur remède. Or la planète s'angoisse sur la situation de la postpandémie, du retour de l'inflation et des menaces géopolitiques car l'endettement mondial étant à son paroxysme, le recours au crédit massif pour atténuer les effets de la récession à venir ne peut plus être envisagé. En ce milieu de 2022, le monde est maintenant confronté au choix périlleux entre poursuivre, interrompre ou ignorer la réalité.

Poursuivre ?

Devant le risque d'une récession trop forte, on reprend le chemin de l'argent magique à profusion. Persévérer dans l'addiction conduirait à un mécanisme comparable à celui de la liquéfaction des sols. Ce phénomène géologique, brutal et rapide, connu et redouté dans les travaux publics, se produit quand un sol inondé perd sa portance et entraîne les constructions à sa surface dans un engloutissement imprévisible. L'histoire regorge d'anecdotes, toutes plus éloquentes, prouvant le caractère suicidaire de cet engrenage. Poursuivre le laxisme antérieur, c'est assurer l'effondrement des monnaies et l'ouragan qui s'ensuivrait.

Interrompre ?

En arrêtant la perfusion monétaire, qui semble être l'option retenue, tout au moins en Europe et en Amérique du Nord, la magie de l'effet patrimoine s'inverse. Des centaines de millions d'Occidentaux vont assister impuissants à la chute de leur patrimoine et occasionner une récession qui se propagerait internationalement. Pour rassurer, les déclarations se multiplient sur la très grande vigilance des argentiers soucieux de contrôler l'inflation et de ménager la croissance. Il n'en sera rien. Toute la dynamique du dernier quart de siècle était mondialement et exclusivement le produit du laxisme ; tout encadrement ou réduction de celui-ci occasionne la récession officielle et visible par opposition à celle qui reste dissimulée.

Ignorer ?

C'est la plus préoccupante des options, refusant d'envisager que l'humain, le social et l'insurrectionnel soient les risques primordiaux du proche avenir. Les gouvernements occidentaux, assistés des banques centrales, de leurs apparatchiks du paradigme et des grandes entreprises vont se persuader que les mesures d'accompagnement du mécontentement suffiront à le cantonner. Cet aveuglement prouvera leur incapacité à avoir les seules vertus requises : la sincérité de la remise en cause, l'imagination et le courage.

Une sincère remise en cause, c'est admettre que l'accession d'un milliard d'individus au statut de classe moyenne a comme contrepartie la précarisation d'un demi-milliard d'Occidentaux ayant perdu ce statut.

Suggestion immédiatement noyée sous un amoncellement de statistiques voulant la réfuter. Les témoignages des Gilets jaunes, brexiteurs, trumpistes, « *Occupy Wall-Street* » expriment ensemble le mal-être des dernières décennies par opposition au mieux-être des générations d'avant 1970.

L'imagination est tout aussi essentielle. Il faut tracer des chemins de prospérité différents des voies proposées par ceux qui pensent résoudre les problèmes qu'ils ont eux-mêmes provoqués.

Prenons l'exemple du « grand débat » d'Emmanuel Macron. Il n'y a jamais eu de débat mais seulement un très brillant one-man-show pour convaincre les citoyens de leur chance de vivre dans le meilleur des mondes. Ce ne sont pas les arguments qui ont mis un terme à l'agitation de factieux mais seulement les largesses octroyées avec le chéquier des Français.

Le courage, enfin, est d'envisager la prédominance du risque insurrectionnel. On se rassure en pensant que la fin du marxisme-léninisme-maoïsme est le gage d'une paix sociale immuable pour des populations conscientes que leur intérêt se trouve dans la protection du système et pas dans sa destruction. Libéral déterminé, j'affirme qu'il faut tout faire pour que la démocratie libérale et l'économie de marché continuent d'être les meilleures organisations sociales. Pour cela, il faut être conscient des déviances du néolibéralisme ouvrant la porte à des soulèvements et des jacqueries. Principal danger auquel nous allons devoir faire face.

Le danger de marginaliser la contribution humaine

Pour Jacques Turgot[14], la loi malthusienne des rendements décroissants serait dramatique en provoquant

14. Turgot (1727-1781) : homme politique et économiste français, contrôleur général des finances de Louis XVI.

l'appauvrissement de tous. Heureusement, Solow[15] et ses partisans s'y opposent vigoureusement, considérant que l'accroissement de la productivité étant d'une force supérieure, il est inutile de s'inquiéter. Or nous sommes en présence de ce danger avec l'apparition du rendement décroissant du crédit exigé pour alimenter la fausse croissance. La décroissance de son rendement met en péril toute la construction occidentale.

Les Occidentaux ont connu l'enrichissement individuel et collectif grâce à une très longue période de plein-emploi. Emploi rémunéré. Emploi stable. Emploi respecté. Emploi source de fierté et de reconnaissance. Emploi permettant d'envisager le futur de sa famille et de ses proches.

En un demi-siècle est apparue l'émergence d'un agrégat statistiquement flou et indéfini, difficilement mesurable et peu qualifiable. Jacques Fressinet, démographe et économiste français, le qualifie de « halo du chômage » qu'il situe à la frontière entre les univers de l'emploi, des inactifs et des chômeurs. Tous ceux qui en font partie se sentent clairement captifs d'un sous-ensemble, vague et obscur, provoquant détresse et ressentiment. Les nouvelles générations ne s'y trompent pas. Elles redoutent d'y être englouties comme dans des sables mouvants.

De nouvelles radicalisations rejettent en vrac le néolibéralisme, le mondialisme, la démocratie parlementaire et l'économie de marché, jugés coupables de l'expansion

15. Robert Solow, économiste américain, prix Nobel en 1987, surtout connu pour sa théorie sur la croissance économique : le modèle de Solow.

de ce trou noir tueur d'espoir. Ce halo est d'autant plus préoccupant qu'il est contaminant et que ses frontières sont floues.

Les habitants du halo font partie du nombre croissant d'écartés de l'économie réelle, des condamnés à l'exclusion perpétuelle sans existence socialement reconnue. Ils sont rejoints par des retraités ayant cotisé une vie entière, des travailleurs pauvres ou des actifs n'ayant plus le sentiment d'être contributifs au bien commun. À cela s'ajoute le nombre croissant de travailleurs « au noir » qui, selon une étude menée pour l'Organisation internationale du travail, concerne mondialement trois jeunes sur quatre.

Les données fournies par les organisations caritatives sont suspectes de partialité mais autorisent à penser qu'environ 15 à 20 % des populations occidentales, probablement deux fois plus dans le reste du monde, constituent ce halo.

On doit aussi évoquer les découragés. Le taux de chômage américain a historiquement bénéficié de la sortie massive des statistiques d'ouvriers, d'employés et de cadres découragés. John Williams, éditeur de shadowstat.com, décortique les publications du Bureau of Labor Statistics sur l'emploi américain depuis des décennies. Si le BLS comptabilisait les chômeurs américains selon les mêmes critères qu'avant 1994, le taux de chômage ne serait pas de 5 % mais plus proche de 20 % ! Qu'un statisticien méconnu conteste les chiffres officiels du chômage américain n'ébranle pas la doxa. Pas plus que lorsqu'un des plus illustres membres de la communauté financière tel que Jack Welch qualifie de manipulation les chiffres du chômage américain. Il dénonçait pourtant des partis pris de méthodologie poussant le nombre d'emplois à la hausse et celui des chômeurs à la baisse.

La situation est inédite. Au moment ou les États-Unis fanfaronnent sur le plein emploi, le chiffre officiel des bénéficiaires du programme SNAP (*Supplemental Nutrition Assistance Program*, programme d'aide supplémentaire à la nutrition) également dénommé Food stamp (ou soupe populaire) est d'environ quarante millions sans compter tous ceux ayant recours à des banques alimentaires privées. La France n'est pas en reste avec toutes les associations caritatives mises à contribution. Par exemple, le nombre de repas servis par les Restos du cœur est passé de huit cent mille en 1985 à plus de quinze millions, trente-cinq ans plus tard. Ces chiffres ont le mérite de révéler l'incohérence entre des chiffres flatteurs et rassurants sur le front de l'emploi et le niveau de détresse croissante des populations occidentales.

Chaque pays veut publier les embellies de l'emploi en omettant de préciser les changements de méthode. Attitude rigoureusement interdite dans la comptabilité privée. Ces changements portent sur les radiations automatiques, les stages, les congés maternité ou paternité, les créations de micro-entreprises et d'auto-entreprises permettant de dégonfler les chiffres du chômage en toute conformité avec les instructions du Bureau international du travail. Il en est ainsi des micro-travailleurs estimés à plusieurs dizaines de millions dans les pays occidentaux et constituant une nouvelle catégorie de sous-prolétaires des temps modernes, ouvriers de l'ombre connectés au cyberespace mais déconnectés de l'économie réelle.

Les collaborateur-associés d'Uber ont un pied dans le halo et un pied dehors. Cette entreprise a eu le talent de se présenter conne une avancée technologique majeure. Dans les faits, le service offert n'est que la copie de celui des anciennes « limousines » ou « voiture de place ». Leurs tarifs étaient forfaitaires pour des voitures haut de gamme, propres et confortables. La démocratisation de la géolocalisation, opérationnelle depuis quarante ans, rendait inévitable son utilisation pour la mobilité intra-urbaine. Son statut d'entreprise technologique exploitant un algorithme de tarification variable selon les conditions de circulation peut fasciner. C'est oublier qu'un tel logiciel est utilisé par les compagnies aériennes, les loueurs de voitures et des chaînes hôtelières depuis plus de trente ans. En résumé, hormis le talent marketing composant un cocktail moderne et ludique à partir de composants peu innovants, la seule invention d'Uber est d'avoir ressuscité le mode séculaire de recrutement des « saisonniers ». S'il existe aujourd'hui à travers le monde des centaines de milliers de chauffeurs qui sont autant de nouveaux saisonniers consentants, c'est la preuve que le monde économique ne donne plus la possibilité d'accéder au progrès passé.

Les foyers les plus modestes plébiscitent le *low cost* pour satisfaire des envies immédiates de consommation en ignorant qu'ils contribuent à leur propre appauvrissement dans la durée. Un étrange syndrome de Stockholm, version économico-financière, se nourrit d'une relation psychologique contre-nature des consommateurs à l'égard de leurs bourreaux. La pulsion de consommer à bon marché est tellement forte qu'elle veut ignorer la conséquence humainement régressive. Les nouveaux entrepreneurs-innovateurs glorifiés par les néoprogressistes transforment, à son insu, le consommateur en travailleur astreint et non rémunéré. Il est désormais contraint de faire ses déclarations, d'imprimer ses billets et d'enregistrer ses bagages, de scanner ses achats, de construire ses meubles, et de vendre son intimité en échange d'un profit additionnel pour ses fournisseurs. Il retourne béatement à la case de la « servitude volontaire » décrite par La Boétie[16], dont le progrès l'avait libéré.

L'Occident est embarqué dans un vaisseau dont l'impression de vitesse maintenait une relative tonicité de l'emploi et une stabilité relative. Cette vitesse ne pouvant que se réduire, le danger d'un ressentiment collectif va favoriser un décrochage humain.

La plus longue période de paix qui s'achève a prouvé l'intrication entre le vivre-ensemble, la démocratie et la prospérité. L'absence d'expansion vertueuse met en péril la démocratie et la paix sociale. Le refus de voir que la prospérité artificiellement obtenue, comptablement

16. Au XVIe siècle, dans son *Discours de la servitude volontaire*, La Boétie explique que l'une des raisons du maintien dans la servitude est que le tyran use de stratagèmes. Il accorde des largesses à son peuple sans que celui-ci se rende compte que c'est avec l'argent qu'il leur a soutiré que ces divertissements sont offerts.

appauvrissante, ne peut conduire qu'au tragique est lui-même tragique. Le chaos humain, social et insurrectionnel est le plus prégnant, le plus fort et le plus proche.

Le « mythe de la caverne » de Platon[17] est d'une éternelle jeunesse et d'une surprenante modernité. Platon analyse la difficulté des êtres à regarder la vérité en face. Il les imagine prisonniers d'une cave ne leur permettant qu'une perception de la réalité. Pour s'en approcher, ces prisonniers doivent avoir le courage de se brûler les yeux tant sa lumière est aveuglante et dérangeante. On retrouve dans cette allégorie le perceptionnisme des années 1980 dont la version dystopique sera l'équipement dès la naissance d'un casque de réalité augmentée greffé sur le visage. Les générations allant des baby-boomers aux milléniaux, leurs chaînes d'information, leurs réseaux sociaux, leurs enseignants, leurs proches familiaux ou professionnels, partisans ou opposants du système, restent néanmoins persuadés de bénéficier de la dynamique prospérité-démocratie-paix sociale de la période antérieure. On peut entrevoir la frustration, puis la fureur, et enfin la colère et la violence quand les Anglo-Saxons prendront conscience que ni l'argent magique ni la fortune rapide n'existent dans les placements de la bourse ou des cryptoactifs. Celles des Européens explosera quand les largesses de la solidarité artificielle cesseront.

17. *La République* (« à propos de l'État/ de la Cité ») est un des dialogues de Platon sur la justice et l'organisation de la Cité.

Le passage de la perception bienheureuse à une réalité contraignante ne peut que dégénérer selon une constante de l'âme humaine : vivre une désillusion est source d'amertume, entraînant haine et rancœur. Une frustration hostile engendre la violence. Ayant été à proximité de deux émeutes aux États-Unis et au Mexique, je témoigne de ce sentiment d'impuissance qui s'empare de nous quand on y assiste. Qui sème le vent récolte la tempête.

S'ajoutent les tourments et les douleurs du sevrage dû au fait de ne plus recevoir la dose d'argent facile ayant mis la fortune à portée de mains outre-Atlantique ou autorisant l'oisiveté en Europe.

Ne pas envisager la violence comme étant la pire des tragédies après soixante-dix ans de paix est une faute politique majeure. Je conviens qu'une telle perspective est elle-même violente. On ne peut pas s'affranchir de regarder en face ce danger dont les ressorts sont, de toute éternité, des pulsions collectives, folles et irrationnelles, se nourrissant de frustrations matérielles. Les peuples sont démocrates quand ils sont rassasiés. S'ils sont frustrés et nécessiteux, ils basculent dans le désordre que l'argumentation rationnelle ne peut ramener à l'ordre. Pire, la dictature de la perception sur le réel amplifie ce danger. Les trumpistes, brexiteurs et autres Gilets jaunes ne sont pas les plus nécessiteux. Ce sont les plus frustrés, capables des pires exactions dont la prise du Capitole n'est qu'un minuscule avant-goût, d'autres foyers de frustration engendrent l'embrasement.

Les nazis et les fascistes ont séduit les masses tant que leurs leaders ont été victorieux sur le champ des idées puis sur le champ de bataille. Ce ne sont pas les arguments de droit, mais uniquement les armes qui ont permis de les vaincre.

Les optimistes-crédules au pouvoir se rassurent par la disparition des idéologies de rupture avec le paradigme mais en l'absence d'idéologie de la contestation, la multiplication des factions crée un désordre beaucoup plus sauvage. La guerre civile d'Espagne en est la parfaite illustration. La multiplication des partis et des factions dont la liste est impressionnante (Armée populaire, Brigades internationales, Garde d'assaut, Milices, Section bolchévik-léniniste, Parti ouvrier d'unification marxiste, Eusko Gudarostea, Généralité de Catalogne...) a pour résultat que cette guerre, proportionnellement à sa population, reste l'une des plus barbares et meurtrières du XXe siècle.

La première cause du débordement humain est toujours matérielle mais son processus de contamination et de propagation répond à des aspirations plus idéalistes. Le désir d'organiser différemment la société, le refus de soumission à l'ordre social et politique, l'adhésion presque mystique à une croisade intellectuelle amplifient la révolte. Se greffent des soifs de nouveauté et de modernisation du monde. La violence s'autojustifie comme la seule possibilité de transition justifiant l'effondrement préalable de l'ordre traditionnel. Tous ces désirs et impulsions s'enchevêtrent sans avoir besoin de se raccrocher à une idéologie préexistante.

Les milieux financiers se veulent sereins car ils sont, par essence, éloignés de ces contingences humaines et convaincus que l'absence d'idéologie organisée interdit des révoltes de grande ampleur, d'autant qu'il n'y a pas de motif réel et sérieux les justifiant.

Le révolté des années à venir, prenant exemple sur l'anarchiste, le Jacobin ou le bolchevik, voudra démontrer sa force de caractère en cherchant la conquête d'une identité nouvelle dans un ordre nouveau. Il voudra, comme ses aînés, acquérir sa légitimité en pensant régénérer le monde ou le réenchanter et donnera ainsi naissance à une nouvelle idéologie de la révolution.

Les prochains soulèvements seraient des révolutions post-léninistes, au sens qu'elles commenceraient sans parti ni idéologie, l'objectif primaire étant de faire vaciller tout ce qui fonde la politique classique, à savoir l'élitisme, l'inégalité, les contraintes.

Le caractère régional ou sectoriel de ces insurrections se propage au niveau national puis international. Elles suivent le chemin critique de la récession qui passe du statut d'incognito à la première page des médias.

Aux révoltés économiques s'ajouteront les frustrés de l'espérance cybernétique

Pendant les dernières décennies on a assisté, mondialement, à une alliance tacite, un alignement des attentes, entre les élites dirigeantes et une génération de cyber-optimistes-libertaires. Cette apparente complicité est d'autant plus étrange que, sous certains aspects, elle est en fait conflictuelle. Ce mariage repose sur la conviction que la technologie va sauver le monde en créant des règles de gouvernance propice à une démocratie directe associée à un effet richesse redonnant l'espérance. Des dirigeants très « anglo-saxonisés » persistent dans leur croyance que le dynamisme et la grandeur d'un pays s'évaluent aux nombres de ses « licornes » ! Banquier d'affaires, je côtoie ces candidats à la capitalisation supérieure au milliard d'euros. Pour nombre d'entre eux, cette valorisation est atteinte par la méthode des comparables qui s'affranchit du calcul moins flatteur de leur valeur objective ou intrinsèque.

Cette méthode renvoie à l'époque des « *dot com* » de la bulle internet dont la boursouflure était justifiée par l'utilisation de ces mêmes comparables.

Alors que j'interrogeais mes confrères new-yorkais sur la folie ambiante, l'un d'eux me répond par une petite fable : « Ma voisine a vendu hier son petit chat pour 20 millions de dollars. A-t-elle réellement perçu 20 millions de dollars ? Oui, répond-il, elle a reçu en paiement deux petits chiens de 10 millions de dollars chacun... » La parabole reste d'actualité et le paiement pourrait être en actions de valeurs technologiques ou en cryptomonnaies. La valeur d'un échange est celle qui convient aux deux parties. Si deux individus sont d'accord pour s'échanger un bitcoin pour un million de dollars, c'est leur droit le plus absolu. En revanche, prétendre que les deux cents millions de terriens possesseurs de bitcoins ou de satoshi (fractions équivalant à 1/100 000 000 de bitcoin) vont bénéficier de la valeur hors-norme d'un échange privé est un abus de confiance.

Ayant perdu leur espérance dans le « monde d'avant » ces cyber-optimistes-libertaires l'ont mis dans la cybernétique leur permettant, selon eux, un enrichissement paresseux et une organisation libre de leur vie. Le rêve d'un enrichissement sans effort procède toujours d'un processus d'autosuggestion collectif. Dans le cas présent, ce serait la rareté du cryptoactif qui serait autocréatrice de valeur. Ce n'est qu'une question de foi ! Pour être libres, ils veulent s'affranchir des contraintes étatiques jugées abusivement centralisatrices qui s'immiscent dans leur existence. Par miracle, on gagnerait sans effort les moyens de son existence en organisant soi-même les règles de coexistence et d'échanges avec les autres.

Ce courant libertarien, permettant à des millions de personnes partageant une même vision du monde de se reconnaître par la monnaie qu'ils s'échangent, reste une utopie moderne. Il possède à la fois une vertu potentielle et un danger certain.

La vertu ne réside pas dans le phénomène des cryptomonnaies mais dans la « *Token Economy* » ou économie du jeton. Elle se développe autour de l'idée que les membres d'un groupe privé étant les acteurs d'une blockchain sécurisant leurs échanges, comme certains jeux en ligne, doivent avoir des jetons pour accéder à ce groupe et y faire des achats. Des projets passionnants sont développés dans la sphère des moyens de paiements, des critères de notation ou de l'utilisation de constats d'huissier nécessitant l'utilisation conjointe de la blockchain et de jetons spécifiques.

En revanche, le danger vient de la colère des aspirants « jeunes retraités ». Un groupe fait actuellement des émules, proclamant leur intention de travailler intensément quelques années pour prendre une retraite avant l'heure. Les rentes de l'ancien régime ayant disparu, y aurait-il des substituts modernes ? Considérant que les cryptoactifs, devant faire la fortune de leur détenteur, se termineront mal, j'alerte cette communauté : elle est la proie des vendeurs de bonne espérance. Ponzi n'est jamais loin. Les charlatans, échappant à toute autorité de contrôle, se multiplient sur la toile en promettant à tous ces aspirants rentiers des rendements sécurisés à deux chiffres. Quand l'inflation augmente, que les taux d'intérêt sans risques restent en dessous de 3 % et que la croissance est moribonde, il n'existe pas de miracle. Pas de risque, pas de rendement ! Donc, si l'idée continue de se répandre – comme c'est le cas actuellement – qu'on pourra profiter d'une retraite à 40 ans en ayant fait les bons placements, gare aux déceptions qui vont devenir de vrais désespoirs et de vraies colères. Prendre sa retraite avant l'heure reste pour l'immense majorité des Occidentaux un rêve réservé à 0,1 % des populations possédant la plus gosse part du capital.

La résurgence du rapport mélien

Ayant fait référence à la modernité de Platon, j'apporte une autre contribution de l'Antiquité à la compréhension de la situation actuelle et de ses menaces. On s'émeut à juste titre d'une récession démocratique. Elle est vraiment préoccupante car elle est annonciatrice du retour en force du « dialogue mélien[18] » qu'on croyait éradiqué à jamais.

En l'an 416 avant Jésus-Christ, les habitant de l'ile de Mélos refusent de se soumettre à l'autorité d'Athènes qui est en guerre contre Sparte, la cité rivale. Cette île revendique sa neutralité dans le conflit. Les Méliens prouvent leur pacifisme en étant un peuple désarmé. Mais les Athéniens insistent pour obtenir cette soumission. C'est alors que les Méliens proposent aux représentants d'Athènes de venir exposer les motifs de leur action devant leur conseil des sages. Les Athéniens acceptent cette suggestion, la considérant comme très raisonnable. Les Méliens s'inquiètent néanmoins que cette conférence se fasse alors que les Athéniens assiègent leur île. Au terme de plusieurs échanges constitutif du « dialogue mélien », Athènes livre son effroyable verdict avant d'exterminer les hommes et de rendre esclaves les femmes et les enfants : « Dans le monde des hommes, les arguments de droit n'ont de poids que dans la mesure où les adversaires en présence disposent de moyens de contrainte équivalents et si tel n'est pas le cas, les plus forts tirent tout le parti de

18. Thucydide, *Guerre du Péloponnèse*, livre V, chapitre VII.

leur puissance et les plus faibles n'ont qu'à se soumettre ». Épisode d'autant plus incompréhensible qu'Athènes est la mère-patrie de la notion de démocratie et de bien d'autres concepts d'intelligence et de sagesse servant de pierres angulaires à l'Occident. Au moment où l'Occident oppose des arguments de droit à la Russie ou à la Chine, le retour du rapport mélien est très préoccupant quand on connaît son issue.

Les poussées migratoires

L'écrivain italien Umberto Eco distingue les immigrants invités ou encouragés, comme c'était le cas au cours des Trente Glorieuses en Europe, des migrants actuels fuyant la misère, la dictature ou la guerre, et franchissant au risque de leur vie les barrières poreuses des démocraties. Le désespoir pousse vers l'espérance irrépressible de la liberté, de la démocratie et de la prospérité. Vu depuis le Sahel, l'Irak, l'Afghanistan ou le Venezuela, la croissance affichée de l'Europe et des États-Unis est la garantie de vivre mieux. La réalité est toute différente. Les pays occidentaux, en panne de croissance, ne peuvent même plus traiter convenablement les enfants de ceux qui avaient été invités à collaborer à leur boom économique dans les années 1950 et 1960. Ironiquement, les oubliés et les découragés des vagues d'immigration antérieures perçoivent les migrants d'aujourd'hui comme de nouveaux conquérants, venus leur voler ce qui leur restait de sentiment d'appartenance.

Si on cessait d'annoncer, comme l'avait fait le président Hoover en 1930, que la prospérité est au coin de la rue, le discours serait plus franc, plus transparent, plus vrai. Les programmes de droite et de gauche, d'extrême-droite et d'extrême-gauche, perpétuant le mensonge selon lequel la croissance économique est de retour, ajoutent de l'attractivité pour ces millions de désespérés. Quand des hommes, des femmes et des enfants se mettent en péril pour rejoindre le Royaume-Uni, la France, les États-Unis ou la Suède, on devrait mesurer la profondeur du malheur que notre reste de confort nous empêche de voir.

Les migrants ne connaissent pas la signification du mot croissance mais ils perçoivent nos démocraties comme des pays de Cocagne, lieux de miracles permanents apportant un mieux-être qu'ils n'ont jamais connu. Vu du Moyen-Orient, de l'Afrique ou de l'Amérique latine, l'Occident est un vrai jardin d'Eden que beaucoup d'entre eux vont découvrir côté poubelles des supermarchés. L'image d'abondance agit comme un aimant ou une pompe aspirante de la misère. Quand on sait qu'en plus des conflits armés, l'immigration environnementale n'est pas encore amorcée, comment expliquer à ces désespérés que la profusion affichée n'existe plus ? À leur totale incapacité d'admettre, de bonne foi, que cette vérité est un mensonge, s'ajoutera leur violence à se voir considérés comme des idiots.

Du fait de sa proximité avec l'Europe, la migration d'origine africaine sera la plus importante à gérer. Le continent africain est à la fois une source d'espérance et d'inquiétude. L'espérance vient de certains pays permettant à l'Afrique d'afficher une des plus fortes croissances au monde. Mais la nature de certaines migrations africaines est inquiétante car elle laisse penser que bon nombre d'Africains, ne croyant plus à leur propre capacité de décollage, viennent tenter leur chance dans des pays perçus comme prospères. Les migrants africains avaient déjà quitté l'Afrique de la misère pour aller vers l'Afrique moderne et émergente des mégapoles, poussés par une soif de se libérer de la tutelle des anciens.

La promesse avait été faite aux pays émergents de les aider à sédentariser leurs populations avec une prospérité adaptée. À l'image de l'URSS vendant des chasse-neige aux pays du Sahel, l'Occident leur a vendu la certitude d'atteindre son niveau de vie en dupliquant bêtement les préceptes de son décollage économique, juridique et politique. On ne peut que constater les conséquences de cette énormité. Puisque l'Occident ne sait que persister dans son erreur, comment imaginer que le flux migratoire va cesser, ou être mieux contrôlé, comme le prétendent les populistes ? Ce flux ne peut aller qu'en croissant, entraînant la haine des Occidentaux à leur égard et la haine des migrants refusant d'accepter que l'abondance affichée sur les magazines et les réseaux sociaux ne soit pas là. Quand il sera admis que la croissance affichée n'est qu'un trompe-l'œil, les États-Unis et l'Europe aborderont un champ inexploré de leur politique étrangère sur une base réaliste avec leurs homologues des pays émergeants qui vont souffrir de la récession à venir.

Le risque climatique

Le risque climatique est par nature supérieur à tous les autres puisque le combat des êtres humains contre la nature est perdu d'avance. On ne peut donc que tenter d'en atténuer les conséquences en organisant le monde en fonction de cette menace, sans nier le réchauffement climatique. On peut regretter que ce danger hypnotise les opinions publiques au point de ne pas écouter les précisions et atténuations portées à la promesse d'apocalypse. Le taux de CO^2 serait aujourd'hui très inférieur à celui des centaines de millions d'années qui nous ont précédés ; quant à la course aux éoliennes, n'oublions pas qu'il faut à peu près dix mille éoliennes, dont la durée de vie est encore inconnue, pour produire l'équivalent d'un réacteur nucléaire dont la durée de vie, déjà validée, est de soixante-dix ans.

L'écologie est liée à la maison. Oui, la maison commune est en danger mais, celui d'une rupture brutale et disruptive des agrégats macroéconomiques se produira bien avant la montée des eaux. Tout est question de priorités, principe éternel oublié par les détenteurs du pouvoir mondial. La véritable écologie permet à l'humanité de communier avec la nature. C'est avant tout celle qui libère l'énergie créatrice de l'homo sapiens dont la mission est d'humaniser la terre. Et c'est ce talent-là qui est en voie de régression.

La montée des populismes

Mondialisation et financiarisation sont les gènes du néolibéralisme. Leur intensification depuis trente ans est à mettre au crédit des idéologies hostiles à toute entrave à la libre circulation des personnes, des biens, des services et des capitaux. Nous avions été émerveillés par les grandes épopées marchandes, celle de la route de la soie, de Marco Polo, de la république de Venise ou de l'empire des Indes. L'Occident regorge d'anecdotes, d'aventures, de légendes et de réussites qui ont marqué son histoire, ses villes et ses Etats. Nous devrions donc percevoir le mouvement initié comme une source inépuisable de connaissance et de richesse. Elle devrait être perçue comme stimulante et euphorisante. Mais quand ces promesses s'avèrent décevantes pour beaucoup d'Européens et d'Américains, ces derniers deviennent sensibles à d'autres promesses pour une politique diamétralement opposée. Politique du recroquevillement sur soi et de la condamnation des autres. La taille du gâteau collectif ayant cessé de croître, les démagogues exploitent la haine envers tous ceux et toutes celles qui s'attablent au banquet alors qu'ils n'y sont pas invités. La disparition de l'abondance perpétuelle permet aux populistes de tenir un discours dont la radicalité séduit les oubliés d'une mondialisation heureuse.

L'essayiste indien Pankaj Mishra nous alerte sur le développement d'une élite mondialisée, motivée par une

« ambition sans limite et une envie corrosive née d'une insatisfaction chronique ». Ce sont les nouveaux dirigeants, fiers de leurs succès qu'ils attribuent exclusivement à eux-mêmes, voulant contraindre le plus grand nombre à accepter une « réduction drastique de leur liberté et souhaiter que des hommes forts s'emparent du pouvoir ». Démocrate assuré, il met en garde contre une modernité perçue comme une « trappe sociale » propice à la gangrène du ressentiment et conclut que celui-ci n'est plus « une maladie occidentale mais une pandémie ».

Que des hommes forts s'emparent du pouvoir répond à la prévision de Sigmund Freud selon laquelle « la civilisation est imposée à une majorité récalcitrante par une minorité sachant s'approprier les moyens de puissance et de coercition ». Il fait cette analyse à l'époque du capitalisme débridé des Années folles, préalable aux prises du pouvoir par les dictateurs du XXe siècle. Dès que la prospérité n'a plus été au rendez-vous, certaines strates sociales ont rejoint les cohortes de populations rurales et industrielles dévastées par le chômage et la précarisation. Cohortes d'hommes et de femmes devenant des supporteurs de promesses tout aussi simplistes que dangereuses. La concomitance entre la disparition de la croissance vertueuse et l'importance des flux migratoires est une aubaine pour le populisme cultivant les peurs et accédant au pouvoir dans un climat d'angoisse organisée.

Dans cet univers, Narendra Modi, Premier ministre de l'Inde, est un exemple de gouvernant autoritaire et promoteur d'une pensée populiste au sein d'un système de démocratie parlementaire. Il combine le nationalisme culturel et une politique économique néolibérale. Il reste respectueux de la tradition hindoue dans une société entravée par ses castes multimillénaires. Est-ce en raison de la situation de son pays natal que le sociologue et anthropologue Arjun Appadurai évoque « une fatigue de la démocratie » ? Il pense en particulier qu'Internet et les réseaux sociaux donnent à leurs usagers l'illusion d'une vie démocratique directe où ils pensent trouver leur propre communauté de pensée et d'échange. Cette illusion démocratique, à l'heure où les États-nations ont perdu leur totale souveraineté économique dans un climat de morosité, est un argument très fort pour les populistes refusant de prendre en compte l'extrême complexité des lois et des mécanismes de la mondialisation. Par leur vote populiste, les classes ouvrières et moyennes, issues de l'ancien monde, expriment leur désengagement, leur désarroi et leur amertume d'avoir perdu le rôle avant-gardiste qui était le leur. Le risque populiste dans les prochains mois et années est une réalité qu'il ne faut pas sous-estimer dans les vieilles démocraties occidentales. La perte de prospérité tout aussi réelle que ressentie est prégnante pour un très grand nombre d'Occidentaux venant grossir les rangs des partis politiques incarnant ce ressenti. Les peuples ne sont pas dupes. D'ailleurs, leur diabolisation au motif qu'ils pensent mal est une très grave erreur politique. La tentation de qualifier ces citoyens d'ennemis de l'Intérieur est contraire à l'esprit de cohésion indispensable à l'activité économique libérale.

Après le siècle des Lumières et celui du progrès, on se dirige vers le siècle des peurs qu'une folie technologique exacerbe au lieu de l'apaiser. Il n'y a pas si longtemps, le projet technologique était perçu positivement et la balance penchait en sa faveur. Depuis peu, il apparaît comme une menace pour les libertés.

Toutes les périodes d'infléchissement économique ont été propices à la montée des populismes, telle une tumeur qui sape les fondements de la société que nos ancêtres ont réussi à construire. Existe-t-il plus grande démagogie que de faire croire au peuple que les élites et les étrangers sont seuls responsables de tous leurs maux ? Dans toutes les élections, on voit cette lame de fond se confirmer avec les discours mensongers sur une prétendue reprise de la croissance qui fait les beaux jours des idées simplistes.

Je refuse d'être associé au mouvement des collapsologues. Ces derniers annoncent un effondrement de la civilisation industrielle et considèrent que l'humanité met en péril de façon irréversible son environnement. C'est justement contre cette éventualité que je m'élève, en partisan d'un libéralisme retrouvé qui sera nécessairement écologique au sens le plus large et le plus noble possible. Je m'élève contre une vision sans espoir reposant sur des hypothèses climatiques incontestables mais inappropriées en comparaison des risques de l'acharnement financier et de la sous-estimation de ses conséquences humaines.

Ces périls font plus que nous guetter. Tels les nuages annonciateurs d'une tornade, ils peuvent devenir tragiques si l'on s'acharne à répondre par la cohérence formelle du raisonnement et des arguments d'autorité à la détresse réelle ou perçue, génératrice de ressentiment et de frustrations.

4. La réfutation des tabous

Pour éviter les périls ou tout au moins en amoindrir les effets, il n'existe pas de vaccin mais seulement quelques remèdes pour doper l'immunité. La remise en cause du corpus économique mondial pour aborder les problèmes sous un angle différent d'un diagnostic trop conformiste est primordiale. Cet acte d'humilité permet de réfuter les dogmes, les catéchismes et les propagandes ayant contribué au carcan conceptuel dont nous sommes tous les prisonniers.

L'élite mondiale s'en remet à la science comme source de vérité. Pourtant, elle ne veut pas s'appliquer à elle-même le principe de la réfutabilité que Karl Popper, philosophe des sciences, a modernisé. L'histoire des sciences lui permet de constater que les grandes théories sont des vérités dans des espaces et des temporalités précis et qu'elles ont une dimension authentiquement scientifique si elles sont réfutables, si elles ont été réfutées.

Réfuter l'idée d'un progrès perpétuel

Héritiers de l'optimisme de Jean-Jacques Rousseau, Nicolas de Condorcet et Victor Hugo voient dans le progrès l'espoir d'une amélioration irréversible et perpétuelle des conditions de vie. Ce progrès-là justifie des renoncements immédiats pour le bénéfice des générations futures et des renoncements personnels au nom d'un futur collectif durablement meilleur. Cette version originale du progrès a été le support des forces sociales en présence, de la bourgeoisie, concevant qu'il est la source du profit, jusqu'au monde du travail auquel il permettrait d'en espérer une quote-part.

Le philosophe français Georges Canguilhem explique que l'idée originelle de progrès des philosophes du XVIIIe siècle était celle d'une progression potentiellement infinie. Les attributs du concept étaient la linéarité et la stabilité, son symbole était la lumière. Croire au progrès implique qu'il va lui-même progresser et permettre, pour la première fois dans l'histoire, d'entretenir un degré d'espoir élevé. Depuis environ deux cents ans, cette conviction se confond avec celle de la croissance économique elle-même associée au progrès technique.

C'est bien cette déviance que craignait Georges Canguilhem dans son article sur la décadence de l'idée de progrès. Après sa première phase conforme au principe d'expansion irréversible dont le symbole était la lumière, le progrès connaît désormais un infléchissement dû au principe de la thermodynamique et de son postulat d'épuisement énergétique. Le progrès des Lumières était par essence éternel, celui de la thermodynamique sous-entend sa dépendance à la temporalité et son risque d'extinction.

Le physicien et philosophe Étienne Klein pense aussi que le mot de progrès a été dénaturé et qu'on a désormais donné ce nom à l'innovation. Le progrès devait être exclusivement au service de l'humanité, or l'être moderne doit au contraire se plier à l'innovation. Il est impératif qu'il s'adapte à l'intelligence artificielle comme conséquence d'un progrès devant désormais s'imposer à tous. Peu importe si ces effets ne contribuent pas nécessairement à l'expansion et à la prospérité. Pour soutenir son point de vue, il invite à se reporter au projet de la Commission européenne visant à promouvoir une union de l'innovation au motif que : « la compétitivité, l'emploi et le niveau de vie du continent européen dépendent essentiellement de cette capacité à promouvoir l'innovation qui est également le meilleur moyen dont nous disposions pour résoudre les problèmes auxquels nous sommes confrontés, qu'il s'agisse du changement climatique, de la pénurie d'énergie, de la raréfaction des ressources, de la santé ou du vieillissement de la population ». Il poursuit par l'obligation « d'innover, non pas pour inventer un nouveau monde, mais pour empêcher le délitement du nôtre. C'est une critique du présent qui est invoquée, non pas une certaine configuration du futur, comme si nous n'étions plus capables d'expliciter un dessein commun qui soit attractif. L'argument s'appuie sur l'idée d'un temps corrupteur, qui abîme les êtres et les situations. Or une telle conception tourne le dos à l'esprit des Lumières ».

Les conservateurs, refusant toute remise en cause des fondamentaux du paradigme, donnent la parole à des érudits dont la contestation reste tolérable. Jeremy Rifkin[19] a la maîtrise du langage permettant d'être écouté. Il ose dire qu'entre une utopie écologique et la poursuite d'un capitalisme financier déshumanisé, le capitalisme aura disparu dans trente ans. Cette position est irréaliste quand on travaille avec les entreprises où l'intensité capitalistique est primordiale. Quelle utopie de croire que la multiplication et la collectivisation d'imprimantes 3D se substitueront aux usines du textile, du bois, du papier, des matériaux de construction, de la sidérurgie, de la métallurgie, de l'aérospatiale, de l'automobile, de la chimie, de l'agroalimentaire ou de la pharmacie.

Il dénonce, à juste titre, la sanctification d'une concurrence devenue une lutte des uns contre les autres conduisant à l'élimination du plus faible. Or, sans un minimum de solidarité et d'empathie, il n'y a pas de vie commune possible, donc pas d'écosystème viable. D'où l'urgence de protéger le vivre-ensemble tel que cet essayiste l'envisage avec une nouvelle conscience de l'empathie. Son absence menace l'équilibre du genre humain : « si la nature humaine est matérialiste jusqu'à la moelle, égoïste, utilitariste, hédoniste, on ne peut guère espérer

19. Économiste et essayiste américain présenté comme le théoricien de la troisième révolution industrielle et de ses enjeux.

résoudre la contradiction entre l'empathie et l'entropie. Si elle nous prédispose [...] à l'élan empathique, il reste possible d'échapper au dilemme de trouver un ajustement permettant de rétablir un équilibre durable avec la biosphère ».

En fait, Rifkin tourne autour du progrès des Lumières. Quant à Karl Popper, il est étonnant que cet esprit profondément épris de science n'adhère pas au techno-optimisme ambiant en déclarant que « Le progrès n'a aucun caractère inéluctable, rien ne garantit des lendemains meilleurs ». Il valide ainsi l'épuisement du progrès social, dépendant de la croissance de la productivité qui s'effondre depuis 1970.

Réfuter la perpétuité des gains de productivité

Paul Krugman, prix Nobel d'économie, dit : « la productivité n'est pas tout, elle est presque tout » ; avec une croissance de la productivité de 2 % par an, le niveau de vie moyen double tous les trente-cinq ans ; avec un niveau de 0,5 % par an, il faudrait environ cent quarante ans pour obtenir le même résultat. Si l'on tient compte du dopage des politiques de relance, l'Occident régresse.

Robert Solow a acquis le statut de référent sur l'augmentation de la productivité des facteurs de production comme facteur clé de la croissance économique. La croissance démographique et l'augmentation du capital étant insuffisants à expliquer le phénomène, il est le père de la notion de « résidu », pour désigner le progrès technique. L'économiste américain Moses Abramovitz affirme que

« ce résidu peut être considéré comme la mesure de notre ignorance des causes de la croissance économique ».

L'intelligence de Solow est d'avoir compris, peut-être grâce à son passage par la sociologie et l'anthropologie, qu'une innovation n'engendre pas automatiquement de la productivité : si l'innovation n'a pas été préalablement adoptée par ceux et celles qui vont la mettre en œuvre, si l'humain ne s'approprie pas la technique, le résidu est stérile. C'est toute la grandeur de l'intrication entre la technique et l'humain.

Mais alors, le progrès technique, chose la mieux partagée au monde, ne pouvant pas être mis en cause dans la chute de la productivité, c'est donc le facteur humain qui serait l'unique responsable de son déclin.

Dans un document de travail de la Banque de France[20], les économistes Gilbert Cette, John Fernald et Benoît Mojon montrent que le ralentissement de la productivité apparaît autour des années 1970. Dans un article intitulé *« Solving the productivity puzzle »* (résoudre l'énigme de la productivité), la Banque d'Angleterre parle bien d'un mystère. Jeannette Yellen, présidente de la Fed, estime que le rythme actuel de croissance de la productivité est misérable et qu'on ne sait pas l'expliquer. Ce phénomène paradoxal pour la communauté des experts fait l'objet de vives réactions dont celles d'Erik Brynjolfsson et Andrew

20. Gilbert Cette, John Fernald, Benoît Mojon, « *The Pre-Great Recession Slowdown in Productivity* » (document bilingue), Banque de France – Direction générale des études et des relations internationales, mars 2016.

McAffee[21] déclarant que « plus on voit dans les chiffres officiels une inflexion négative de la croissance, plus ces chiffres annoncent que nous sommes à la veille d'un nouveau point d'inflexion positif car le progrès technique va s'accélérer dans le domaine médical, la robotique, l'impression 3D, l'intelligence artificielle et le big data ». En contestant l'évidence du déclin, ces intellectuels, prisonniers de leur passion, interdisent d'analyser cette énigme et d'envisager des solutions.

Apparu dès l'Antiquité, repris à partir de la Renaissance, l'optimisme technologique décolle dans l'Europe des XVIe et XVIIe siècles sous l'impulsion de visionnaires tels que Bacon et sa méthode expérimentale, Buridan et ses théories mécaniques, Copernic, Kepler, Galilée et leurs premières lois du mouvement des planètes, Descartes et sa méthode, Pascal et les mathématiques ou encore Newton, père de la mécanique classique. Cette aventure s'accélère du XVIIIe au XXe siècle avec une profusion d'inventions et de découvertes permettant de breveter des éléments de la physique, de la chimie, de la métallurgie, de la mécanique et de la biologie. On peut comprendre que les légataires de cette merveilleuse aventure aient refusé de voir son inflexion négative.

C'est le thème central de l'économiste américain Robert J. Gordon[22] qui, dans une note de conjoncture de GMO, un

21. Deux enseignants et chercheurs du prestigieux Massachusetts Institute of Technology. Spécialistes de la transformation numérique et de sa contribution décisive au débat sur la croissance et la productivité.

22. Économiste américain, connu pour ses travaux sur le ralentissement de la croissance économique aux États-Unis, notamment *The Rise and Fall of*

des plus grands gérants financiers américains, sous le titre « *On the road to zero growth* » estime que la croissance américaine des trente dernières années a été en moyenne de 2,4 % et qu'elle doit tendre vers 0,4 % dans les trente prochaines années.

Pour Gordon, professeur à la Nothwestern University de Chicago, la croissance est un accident de l'histoire. Après des millénaires de stagnation, l'empire britannique domine le monde du XIXe siècle avec une croissance moyenne de plus de 2 % et se propage aux États-Unis au cours du XXe siècle. Il observe sa baisse constante depuis 1970 et suggère des facteurs comme les changements démographiques, la baisse contre-intuitive des niveaux d'éducation, le renforcement des inégalités et surtout l'absence d'innovations ayant les moyens d'accroître la productivité au niveau de celle des révolutions antérieures.

Gordon fait aussi une remarque passionnante sur une constante du temps de maturation d'une invention, d'environ cinquante ans à compter de sa découverte. Aussi, les promesses d'une hausse sans précédent de la productivité sont compromises puisque les découvertes fondamentales de la digitalisation, du Web, du big data et de la cybernétique ont déjà plus de soixante ans.

Les annonces se multiplient sur la vague d'innovations technologiques devant resusciter l'euphorie de nos aïeux. Je

---

American Growth (Princeton University Press, 2016). Robert Gordon soutient la thèse que la forte croissance américaine entre 1870 et 1970 a été une exception historique et que les innovations depuis 1970 génèrent moins de croissance que par le passé. Il est le chef de file des technosceptiques.

confirme que pour les actionnaires et les parties prenantes des entreprises innovantes que j'ai la chance d'accompagner, elles sont riches de promesses mais leur capacité d'entraînement macroéconomique est sans comparaison avec les innovations antérieures à 1970.

En interdisant d'étudier les raisons pour lesquelles l'être humain est le seul responsable du déclin de la productivité, on clôt le questionnement pas des arguments d'autorité. Par crainte de culpabiliser, de réveiller les esprits ou d'être en contradiction avec la pensée dominante qui est nécessairement la plus aboutie.

Réfuter la pensée dominante

Keynes, Schumpeter et Friedman incarnent les trois plus grands courants de la pensée économique structurante de l'Occident. Aucun d'eux n'a été visionnaire ou prophétique du retournement de tendance depuis 1970.

Leur génie a été de distiller l'essence des périodes observées pour en extraire des enseignements à usage des gérants de nos destinées. Sont-ils toujours d'actualité pour analyser les bizarreries de la situation et y apporter des solutions ?

Quand l'économique prend le pas sur la vie publique et donc politique, on oublie qu'étymologiquement l'économie est l'administration de la maison donc de la vie courante, de la vie réelle. La modélisation économique est fascinante mais elle a tendance à s'abstraire du réel en oubliant que l'être humain en est le seul et unique fondement.

En construisant leurs modèles, les précurseurs de la pensée économique tels qu'Adam Smith, John Stuart Mill, David Ricardo ou Thomas Malthus ne s'y trompaient pas et analysaient les comportements ayant fait de l'homo sapiens l'homo economicus.

John Meynard Keynes

En 1936, alors que sévissait la Grande Dépression, Keynes a théorisé sa pensée dans l'incontournable *Théorie générale de l'emploi, de l'intérêt et de la monnaie.* Il plaide en faveur d'une politique volontariste de l'État pour corriger les travers du laissez-faire. Depuis la crise mondiale de 2008, le keynésianisme connaît un regain d'intérêt bien que ses options restent très clivantes pour les libéraux qui lui sont hostiles.

Les pères fondateurs du « laissez faire, laissez passer » sont partisans d'une économie non régulée postulant que les marchés, livrés à eux-mêmes, s'ajustent naturellement aux crises en retrouvant une situation d'équilibre. Or, leurs préceptes s'avèrent impuissants à expliquer et gérer la Grande Dépression ayant suivi le krach boursier de 1929. Cet échec contredit leurs fondamentaux. D'où l'idée centrale de Keynes que l'État doit intervenir en cas de nécessité.

En faisant la preuve que le déficit budgétaire peut, à lui seul, redonner de la richesse à tous, la solution keynésienne est politiquement très séduisante. Quand la dépense privée est insuffisante, la dépense publique doit la compenser jusqu'au moment où elle aura pris le relais. Selon une formule légendaire, le déficit va créer plus de richesses que son montant originel. Prenons le cas où un État dépense 100 de plus que ces recettes. Il crée un accroissement de commandes publiques du même montant qui va accroître les salaires, les transferts sociaux et les profits. Ces recettes additionnelles vont générer à leur tour de nouvelles dépenses, proportionnelles au taux de consommation des ménages. Si la propension à consommer des ménages est par exemple de 80 % des revenus, la première vague engendre 100 de richesses, la seconde 80, la troisième 64 et ainsi de suite. La somme de toutes ces vagues permet de créer environ cinq fois le montant initial. Le multiplicateur keynésien est né. Il est vertueux.

Néanmoins, tout calcul est tributaire des hypothèses, elles-mêmes dépendantes de convictions personnelles plus que de données objectives. Des économistes réputés comme Olivier Blanchard, chef économiste du FMI, ont effectué des recherches sur le multiplicateur et obtenu des résultats divergents, publiés dans l'étude de janvier 2013 sur les « erreurs de prévisions de croissance et multiplicateurs budgétaires ». Les keynésiens font mine d'ignorer, que Keynes a élaboré sa théorie à une époque où les prélèvements obligatoires de 20 à 25 % du PIB étaient structurellement très inférieurs à ce qu'ils sont aujourd'hui, entre 25 et 40 % du PIB. Dans ces conditions, l'effet est tellement réduit que les détracteurs du keynésianisme ne se privent pas d'en dénoncer les effets négatifs.

L'autre facteur d'inefficience du multiplicateur est le « *crowding out* » ou effet d'éviction. De nouveau, cette idée est très relativisée par les keynésiens. Il est pourtant évident qu'en période de récession, les consommateurs se portent vers des biens et services aux prix les plus bas, impossibles à produire dans les nations riches pratiquant la relance par le déficit. Une partie des effets recherchés va être exportée au détriment des citoyens du pays ayant mis en œuvre cette politique. Cette éviction est notable en période d'incertitude car elle joue à l'inverse de l'effet recherché pour les classes les plus démunies.

L'efficacité du multiplicateur est proportionnelle à l'optimisme des personnes devant en bénéficier. Dans les époques moroses où le pouvoir d'achat des populations est en baisse, l'efficacité du multiplicateur devient négative. Le pessimisme envahit les esprits, les gouvernements se veulent rassurants. Ils décident de relancer l'économie par des déficits dans l'espoir de créer une inertie multiplicatrice, mais ils se fracassent sur l'augmentation du taux d'épargne de précaution auquel s'ajoute l'effet d'éviction. Ces politiques-là aggravent la situation des pays qui les élisent !

Ainsi, le keynésianisme de la relance par les déficits n'a pas fait l'unanimité, ses détracteurs considèrent que ce ne sont pas les politiques de dépenses publiques et de grands travaux qui ont sorti les États-Unis de la Grande Dépression, mais bien davantage l'économie de guerre mise en œuvre de 1942 à 1945 sans laquelle l'expansion vertueuse des Trente Glorieuses n'aurait pas eu lieu.

Un autre facteur de la vie économique dépend du moral de l'opinion publique. Il s'agit de la préférence pour la liquidité, également au cœur du keynésianisme. En période d'incertitude, comme celle que nous traversons, les individus et les entreprises privilégient une épargne liquide au détriment de la consommation immédiate et de l'investissement de moyen ou long terme. L'épargne se détourne de l'investissement en actions qui pourraient ne pas être liquides en cas d'urgence. Afin de compenser la baisse d'appétit pour l'investissement, les entrepreneurs doivent attirer l'épargne avec une « récompense de renonciation à la liquidité » difficile à générer en période de récession.

La théorie générale de Keynes conçue et appliquée avant la fin de la seconde guerre mondiale s'adressait à une situation spécifique et temporaire. Sa mise en œuvre est devenue permanente depuis cinquante ans alors que son efficacité n'a cessé de fléchir pour devenir négative. Un chiffre résume à lui seul l'absurdité de poursuivre inconsidérément cette politique. Dans les cinquante dernières années, le PIB des États-Unis a été multiplié vingt et une fois quand son endettement l'a été cinquante-sept fois. Quand il faut près de trois fois plus de dette que de croissance, on est dans une phase d'appauvrissement aiguë.

Joseph Schumpeter

Schumpeter tire des enseignements différents de Keynes pendant la même période entre la fin du XIXe et le milieu du XXe siècle. C'est l'entrepreneur dont le caractère profondément innovateur est la source de la dynamique économique.

L'entrepreneur révolutionne en permanence le système en introduisant des innovations qu'il saisit au bon moment. Ce n'est ni la possession de capital ni sa fonction de direction qui le caractérisent mais plutôt son tempérament aventurier en rupture avec le passé et déstabilisant le circuit économique traditionnel. Les périodes de croissance naissent de ces phases de créations successives.

Ses motivations sont le goût de la victoire, l'adrénaline de l'aventure, la satisfaction de créer et de donner vie à des idées originales. Le profit et l'enrichissement personnel sont les conséquences de son comportement et non leur moteur. « L'entrepreneur typique ne se demande pas si chaque effort auquel il se soumet lui promet un excédent de jouissance suffisant [...] Il crée sans répit car il ne peut rien faire d'autre ». Il n'en n'est pas moins conscient du surprofit que lui apporte la position de monopole temporaire qu'une découverte lui confère.

L'expansion provoquée par l'entrepreneur-innovateur se propage aux entrepreneurs-suiveurs en charge de diffuser l'innovation. Cette propagation va saturer le marché, diminuer les prix puis les profits et entraîner une phase de contraction, une récession. Le cycle schumpétérien est synchronisé à celui de l'entrepreneur-innovateur. C'est l'épuisement de son énergie hors du commun qui rythme l'économie. Schumpeter souligne qu'il n'est de croissance que cyclique.

Au cours d'une phase de prospérité, les innovations se succèdent, apparaissant par grappes car elles sont interdépendantes, les secteurs innovants ayant des effets d'entraînement sur les autres secteurs. C'est la phase de « destruction créatrice » la plus symbolique de Schumpeter. De nouveaux marchés apparaissent, que les entrepreneurs vont conquérir au détriment de ceux dont l'absence d'innovation les conduit à leur perte. Puis les techniques nouvelles sont maîtrisées, les nouveaux marchés et leurs consommateurs sont satisfaits et les débouchés se raréfient. Signes annonciateurs de la récession.

Le génie de Schumpeter est d'avoir sublimé le rôle de l'entrepreneur-innovateur dans lequel se reconnaissent ceux de la génération digitale et cybernétique des start-up. Il est regrettable que cette même génération refuse sa mise en garde sur l'épuisement du cycle.

Milton Friedman

Ses travaux sur « la consommation, la théorie monétaire et la complexité des politiques de stabilisation » ont été récompensés par le prix Nobel d'économie en 1976. Le rayonnement de sa pensée propulse le néolibéralisme au rang de doctrine mondiale chère à Francis Fukuyama annonçant « la victoire totale de l'Occident et des valeurs néolibérales » dans son livre *La Fin de l'histoire et le dernier homme.*

Le fondateur de l'école de Chicago critique l'interventionnisme étatique et le keynésianisme. Les recommandations faites avec ses « Chicago Boys » ont été jugées outrancières pour son éloge d'un libéralisme où le laisser faire doit supplanter toute autre démarche. Il fustige l'appel du président Kennedy : « Ne demandez pas ce que votre pays peut faire pour vous, demandez-vous plutôt ce que vous pouvez faire pour votre pays ». Pour Friedman, cette injonction n'exprime pas des idéaux dignes d'une population libre, vivant dans une démocratie libre. Elle est rétrograde car elle propose de retourner à l'époque où la défense de la patrie était la mission première des citoyens. Il juge sévèrement une démocratie où les citoyens bénéficient des « avantages » offerts par son gouvernement en acceptant que ses pouvoirs réduisent leurs libertés.

La relation entre économie et politique est si forte qu'il est illusoire de les considérer séparément. La tendance à étendre le champ d'action du gouvernement est contraire à l'épanouissement individuel. Friedman prend à partie le socialisme incarnant à ses yeux les pires défauts. La liberté économique est vitale pour la liberté. Un gouvernement ne pourra jamais reproduire la variété et la diversité des actions individuelles.

Outre sa critique constante du socialisme et son éloge tout aussi permanent du néolibéralisme, Friedman veut libérer les énergies et ne pas hésiter à utiliser l'outil monétaire pour relancer l'économie en cas de besoin. Il alerte cependant du risque qu'une inflation monétaire est toujours la cause d'une inflation des prix. Avertissement que les politiques du début du XXIe siècle semblent avoir oublié.

Enfin, il s'oppose à la conception germanique d'une démarche concrète des réalités et des tendances historiques. Friedman constitue avec Keynes et Schumpeter le triptyque des penseurs structurant le paradigme occidental et sa propagation à l'ensemble de la planète.

Pour réussir dans l'ingénierie financière et la banque d'affaires, il faut maîtriser la trousse à outils des méthodes ancestrales et avoir l'agilité et l'imagination de sortir de ce carcan pour s'adapter à la spécificité des entreprises. Pourquoi cette approche de bon sens n'est-elle pas partagée par les élites au pouvoir ?

Il est stupéfiant que les politiques économiques occidentales restent prisonnières d'un corpus intellectuel figé par des courants de pensée qui continuent de régner en maîtres incontestés. Toute pensée différente ou en opposition émane d'égarés, d'utopistes ou d'extrémistes incompétents. Le paradigme est malade depuis des décennies et les épisodes de la pandémie et de la guerre l'aggravent mais n'en sont pas les causes.

Un tel conformisme est affligeant, surtout quand il est relayé par des personnes dont les capacités intellectuelles ne sont pas mises en question.

Tout mon propos a pour but d'éviter que Schumpeter ait raison quand il anticipe dans *Capitalisme, socialisme et démocratie* (1942) que le capitalisme porte le germe de sa propre destruction et que l'avenir semble davantage orienté vers le socialisme.

Réfuter une science économique désincarnée

Le financier a pris le pas sur le politique. Sa rigueur formelle fascine et attire les esprits amoureux de cohérence et de rationalité, mais se fracasse sur l'imprévisibilité, l'incohérence et l'irrationalité des comportements humains.

Franchir le pas pour que l'anthropologie soit plus intégrée à la science économique n'est pas encore envisagé, bien que le point de départ des théories économiques ait été l'observation des spécificités de l'âme humaine.

Quand la finance était au service de l'économie qui était elle-même au service de l'homme, la nature anthropologique de la vie collective était consubstantielle de l'économie. Depuis que l'homme est au service de l'économie, elle-même au service de la finance, l'être humain n'est plus qu'une variable d'ajustement du modèle. L'équilibre déjà fragile entre la condition humaine et les infrastructures économiques et sociales est rompu depuis une trentaine d'années.

Quand on parle de facteur d'ajustement, on pense aux vagues de licenciements successives en Occident. La réalité est plus grave. L'être humain perd sa position centrale de « citoyen-producteur-consommateur », pour être réduit à des nombres dans un tableur Excel sous l'intitulé de « propension-marginale-à-consommer-ou-à-épargner ». Les quantifications du comportement sont devenues, en un quart de siècle, la clef de voûte du système. L'acharnement mis à capter les comportements dans tous les actes de la vie courante répond à l'objectif de les quantifier avant de les probabiliser. L'intelligence artificielle requiert des quantités d'informations considérables pour parvenir à synthétiser une succession de choix sur la patience ou l'immédiateté, pour une satisfaction égoïste ou collective, fruit d'un effort ou de la paresse, répondant à un besoin vital ou superflu. Il faut aller plus vite que le cerveau pour anticiper et orienter les comportements.

On veut bien que l'être humain soit au cœur de l'économie, sous réserve que son avatar digital prime sur l'être charnel dont on n'apprécie pas les velléités incompatibles avec des algorithmes prédictifs.

L'être humain reste l'alpha et l'oméga du fonctionnement des sociétés. Il est la source exclusive, la matière première et l'unique finalité des sociétés. Pas d'homme, pas de producteur, pas d'inventeur, pas de consommateur, pas de marché, pas d'épargnant, pas d'investisseur. Vérité que Jean Bodin, humaniste et philosophe, avait résumé en une phrase célèbre : « Il n'est de richesse que d'homme ».

Ce désir de rationnaliser le comportement remonte à la Renaissance avec Galilée qui recommande de « mesurer ce qui est mesurable et rendre mesurable ce qui ne l'est pas ». Par voie de conséquence, ce qui n'est pas évaluable de façon objective devient suspect, douteux.

Les esprits modernes pensent que seuls les charlatans peuvent accorder un poids plus important aux motivations humaines, vagues et subjectives sur l'économie qu'à la rigueur d'un raisonnement fondé sur des paramètres objectifs. Le philosophe des Lumières David Hume avait pourtant alerté sur le fait que « la raison est l'esclave de nos passions ». Il est urgent de dépasser le combat d'arrière-garde entre la raison et le sentiment. Une bonne politique est faite de la confrontation des deux.

Depuis que l'homo sapiens est conscient de son existence, son aventure n'a été qu'une longue succession de souffrances, de contraintes et d'obligations. Sa servitude était absolue. La Déclaration des droits de l'homme devait en être un point d'arrêt, la recherche de ses droits devenant la boussole d'une pensée libératrice. Mirabeau, Champion de Cicé et Mounier, rédacteurs de ce texte, avaient d'ailleurs refusé la suggestion de l'abbé Grégoire[23] d'une Déclaration des droits et des devoirs de l'homme.

Réfuter un excès de rationalisme au détriment des motivations

Le psychologue Abraham Maslow a représenté, sous la forme d'une pyramide, l'ensemble des motivations. Au niveau inférieur sont les besoins primaires tels que l'alimentation, la sexualité et la reproduction, la protection de son environnement et l'appartenance à un groupe. Au second se trouvent les besoins dit supérieurs

23. Henri Jean-Baptiste Grégoire est un prêtre français du XVIIIe siècle, connu pour son soutien à la Révolution française en participant à l'Assemblée constituante. En tant qu'homme politique, il a défendu nombre de projets qui lui ont valu le surnom de « prêtre éclairé ».

d'estime et de confiance en soi, du respect de soi et des autres, de reconnaissance et d'accomplissement. Tant que l'humanité était occupée à construire un univers la libérant des besoins primaires, la priorité était d'avoir sa maison, sa voiture, sa famille, son médecin, son notaire, sa banque, son école comme des gages d'indépendance et de liberté.

Sébastien Bohler[24] complète l'inventaire précédent de surprenantes découvertes sur les interactions entre la physiologie et la biologie d'un côté et les comportements sociaux de l'autre. Dans son ouvrage *Le bug humain,* il révèle que l'être humain a atteint son statut d'être dominant par la confrontation de deux zones distinctes de son cerveau. D'un côté le striatum, siège des objectifs primordiaux tels que trouver la nourriture, des partenaires sexuels, acquérir un statut social, conquérir son territoire, glaner des informations pour sa survie, le tout en dépensant le moins d'efforts possible. De l'autre côté se trouve le cortex : siège de la raison, de l'esprit de planification, d'organisation et d'abstraction. Il relie les pulsions du striatum au modèle de croissance puisque la motivation première est de toujours vouloir davantage. Son avertissement est sans appel : une partie de notre cerveau nous pousse à détruire la planète ! Il faut arrêter de flatter nos instincts les plus bas pour redonner du sens au discernement et à la patience.

24. Sébastien Bohler est un journaliste et essayiste français ayant centré ses études sur les neurosciences.

De nombreux psychologues ont mis en évidence le lien de causalité entre nos motivations et comportements et les mécanismes économiques. Les politiques exploitent cyniquement cette relation, croyant qu'un marketing ciblé suffit à augmenter le nombre de leurs sympathisants. Le désintérêt de la chose publique et les pulsions anti-démocratiques devraient tout au contraire les convaincre de changer drastiquement leur logiciel de conquête et d'exercice du pouvoir.

Réfuter la mondialisation heureuse

En juin 2013, le journal *The Economist* affirmait que nous étions en route vers la fin de la pauvreté. Le consensus se félicitait que des centaines de millions de terriens soient en passe de constituer une nouvelle classe moyenne mondiale riche de promesses autant pour les pays émergents que pour l'Occident. On a seulement précarisé le tiers des classes moyennes occidentales tout en renforçant les démocratures. Résultat diamétralement opposé aux bénéfices attendus.

En 2001, la banque Goldman Sachs a utilisé l'acronyme de BRIC (Brésil, Russie, Inde et Chine) pour désigner le nouvel Eldorado du développement mondial. Ces pays ont amorcé leur décollage économique au cours des années 1980 et leur taux de croissance fut conforme aux attentes du consensus avec une moyenne supérieure à 6 %.

Le Brésil : cet immense territoire offre un grand nombre d'atouts pour les investisseurs en mal de croissance. La croissance démographique est robuste. Des ressources naturelles surabondantes associées à une culture managériale très occidentalisée et une classe moyenne naissante représentaient un cocktail gagnant. Dans la réalité, il faut sans cesse arbitrer entre son dynamisme et son inorganisation. Il déçoit, restant trop dépendant de la demande internationale à laquelle s'ajoutent les inégalités et la corruption. Peste encore trop répandue dans les pays les plus défavorisés où les déboires de l'administration centrale associés à des spéculations outrancières ne font qu'aggraver la situation.

La Russie a également été une terre de promesses avec la naissance d'une classe d'entrepreneurs post-soviétique favorisée par l'afflux de capitaux, par les compétences de ce peuple dans les domaines des mathématiques, de la physique et de la médecine associées à des ressources naturelles inépuisables. Comme tous les pays profitant des rentes de leurs ressources énergétiques, la Russie est apparue entravée pour aborder l'étape d'une croissance auto-entretenue. La guerre en Ukraine révèle l'erreur d'avoir cru dans la possibilité de sortir ce pays d'un état de servitude et de le voir accéder à la démocratie libérale.

L'Inde se présente comme la plus grande démocratie du monde et l'une des plus jeunes. Si la Chine avait l'ambition d'être l'usine du monde, l'Inde voulait devenir son bureau. Ce continent enregistre de très beaux succès ponctuels mais doit encore convaincre, restant malheureusement entravé par ses structures ancestrales.

Reste la Chine, la plus grande des interrogations. L'Occident regarde son expansion avec les yeux de

Chimène. L'empire du milieu fut la première puissance économique mondiale jusqu'au début du XIXe siècle et les responsables du Parti communiste espèrent un juste retour des choses.

La planète économique attend que cette Chine « communiste ultracapitaliste » devienne une social-démocratie dont l'augmentation du pouvoir d'achat assure une croissance tirée par la consommation et favorise l'adoption des grands principes de la démocratie libérale.

Une lecture surprenante nous est donnée par le Fonds monétaire international dans son rapport 17/247 du 8 août 2017. Officiellement, la Chine avait un taux de croissance de l'ordre de 7 % avec un déficit budgétaire de 4 %. Cette apparente opulence appelle des réserves.

La première est l'outrance de sa politique d'investissement à plus de 40 % de son PIB, soit le double des économies matures. Il est redouté que cette marche forcée crée des surcapacités incapables d'atteindre le point d'équilibre financier et augmente le risque de défaut sur les crédits correspondants. Jusqu'à une date récente, l'endettement n'était pas pris en compte dans sa globalité, étant éparpillé entre l'État central, les provinces, les municipalités et les groupes semi-publics. En retraitant les données chinoises, le FMI prend en compte un « déficit augmenté » du triple du déficit officiel. Selon ma méthode de calcul, la Chine serait donc également en récession sous-jacente depuis déjà quelques années...

Elle est rattrapée par ses faiblesses internes : surinvestissement, endettement massif, réduction de la main-d'œuvre, chute de la production industrielle, hausse du chômage, fuite des capitaux, surévaluation de la monnaie. Aux conséquences de la pandémie s'ajoutent les désordres géopolitiques et financiers. Ils font craindre au pouvoir de ne pas redevenir la première puissance mondiale à l'occasion du centenaire de 1949.

Après des années d'une insolente croissance, elle est dans une phase de déclin qui peut compromettre sa propre stabilité et ses objectifs d'expansionnisme cachés sous le vocable flatteur des routes de la soie.

Néanmoins, Xi Jinping persiste et veut participer au changement de la gouvernance mondiale. La Chine n'est pas l'empire du milieu mais le centre du monde et décrète pour forcer le destin que le premier droit humain est celui du développement économique ! Il a encore le soutien des techno-optimistes occidentaux, toujours confiants dans l'économie chinoise.

S'agissant de rigueur et de sincérité des données, celles de la Chine font l'objet d'interrogations. Sur cet épineux sujet, l'universitaire Chloé Froissart nous éclaire en déclarant : « En Chine, les statistiques ne signifient rien ». Elle confirme le sentiment de Toshiya Tsugami, ancien conseiller économique à l'ambassade du Japon à Pékin, considérant que la faute revient à la structure provinciale du pays dont les dirigeants locaux se font concurrence pour afficher la plus forte croissance de leur région et en être récompensés.

À cela s'ajoute le culte de l'infaillibilité du chef dans un pays sous l'égide du centralisme démocratique. De Lénine à Xi Jinping, ce culte est déterminant pour la compréhension de ce pays. On veut croire dans la sincérité de la Chine, quand son chef proclame au forum de Davos qu'elle est sur la voie de la démocratie libérale en autorisant quelques hommes et quelques femmes à devenir des milliardaires. Mais le pouvoir central étant supposé infaillible, toute donnée statistique contredisant l'ambition du chef doit être sévèrement sanctionnée au détriment du champ des libertés.

« Faute de statistiques fiables, toutes les mesures politiques et réformes seront faussées », dit le cabinet Capital Economics. Tout aussi préoccupant est le témoignage du professeur Hu Xingdou de l'institut technologique de Pékin, qui déclarait déjà fin 2013 : « La croissance est le critère principal d'évaluation des dirigeants provinciaux et incite les entreprises à enjoliver les chiffres de leur activité. En réalité, le modèle chinois traverse une crise profonde depuis plusieurs années. La croissance réelle est plus proche de 3 % que de l'annonce officielle à près de 8 %. Quant à l'inflation, elle est beaucoup plus élevée que les chiffres officiels. La croissance provient principalement des politiques d'investissement visant à stimuler l'activité jusqu'à l'absurdité de municipalités prêtes à raser des immeubles pour reconstruire du neuf. Le poids de l'immobilier est tout aussi préoccupant que celui du surinvestissement dans des surcapacités de production. Tant que la culture de la croissance du PIB présidera aux destinées de ce pays, il ne pourra pas y avoir de réforme en profondeur. Dès lors que la croissance s'essouffle, déjà depuis des années, les autorités se lancent dans de grandes réformes mais dont la mise en place sera soit complexe soit essentiellement cosmétique ». Dès 2015, Patrick Arthus de la banque Natixis met en garde sur les statistiques chinoises très éloignées du minimum de 7 % de croissance attendu par la planète.

La Chine paye les erreurs du concept de ruissellement. Deng Xiaoping était certain qu'en favorisant une caste d'entrepreneurs ultralibéraux, leur enrichissement aurait un effet d'entraînement sur l'économie. À l'évidence, ce n'est pas le cas.

Réfuter l'idée que le néolibéralisme entraînera la fin de la corruption

Il faut déplorer ce fléau du « capitalisme de connivence » contraire aux principes libéraux. La corruption devait disparaître dans le monde contemporain devenu transparent, éthique, interconnecté et démocratique. Ce monde idyllique, intellectuellement construit dans les campus d'Oxford, de Columbia ou Tokyo, a été mis en échec par la corruption. Elle devait d'autant plus disparaître qu'elle est le corollaire d'une pauvreté devant être éradiquée. À l'image d'une bactérie antibiorésistante, elle prolifère dans l'environnement socio-économique des émergents, se nourrissant de l'écart entre une pauvreté persistante et l'enrichissement fulgurant d'un microcosme. La corruption crée un entrelacs entre les gouvernants, les milieux mafieux, les sectes, le terrorisme, des entrepreneurs-contrefacteurs qui parviennent à gangréner les milieux d'affaires. Telle la machine à vapeur à double effet, elle se nourrit autant d'une phase d'hypercroissance que d'une récession rampante.

En faisant l'éloge d'un groupe d'individus ayant construit des empires, on suscite la convoitise de beaucoup d'autres prétendants à un enrichissement plus rapide. Or la corruption profite des crises financières pour conforter sa présence dans le tissu social et recruter à bon compte des intermédiaires, des collaborateurs, des associés et des mercenaires.

Malheureusement pour tous ces pays, la pandémie du COVID a régénéré le chauvinisme des opinions publiques occidentales. La Chine doit intégrer le repli sur eux-mêmes de ses clients de façon plus rapide qu'elle n'aurait pu l'anticiper. En aggravant la situation globale, les pratiques maffieuses regagnent du terrain.

La Chine surendettée est en déclin par rapport à son point culminant du début du millénaire. Sa transformation en une économie tirée par la consommation des ménages s'éloigne du calendrier espéré des néolibéraux.

Pour sauver le libéralisme des fléaux du néolibéralisme, il faut accepter la réfutation des dogmes de l'Occident contemporain. Le premier d'entre eux est le culte de la croissance économique provenant de la croissance de la productivité. Sur ce point précis, l'abondance technologique étant disponible, seule la contribution des hommes et des femmes à l'expansion peut en expliquer l'effondrement. De cette hypothèse naît une évidence : si l'humain ne veut plus se donner les moyens d'améliorer sa condition matérielle, on aura beau le gaver de progrès technique et de dopages monétaires, il restera stérile, avant de régresser. Aborder cette sinistre possibilité impose une capacité schizophrénique d'observation des trois sous-ensembles constitutifs des sociétés européennes et nord-américaines.

- Les néolibéraux convaincus et désireux de poursuivre dans la voie tracée par les Athéniens et les schumpétériens quel qu'en soit le coût ;
- Les antilibéraux ne faisant pas de différence entre libéralisme et néolibéralisme, et partisans de la décroissance ;
- Les oubliés, les découragés, les sceptiques qui ne participent plus à la vie de la cité et qui vivent aux dépens des deux premiers groupes.

Cette vision schématique permet de concevoir qu'environ deux tiers des populations occidentales n'ont plus le feu sacré des générations d'avant 1970. Triste réalité que Jean-Jacques Goldman résume dans « l'envie d'avoir envie ».

5. Les manœuvres et la confusion

Le salmigondis

L'Occident contemporain hérite d'un édifice de concepts, doctrines et enseignements ayant structuré chacune des étapes de son développement. L'augmentation ininterrompue de l'espérance de vie jusque dans les années 1970, l'accès illimité à l'information, la liberté des échanges, la qualité des services, la liberté de penser, de voter et d'entreprendre sont les signes d'une expansion bienfaisante, mais elle a été pervertie.

Tous les courants de pensée ont été traversés par des épisodes de perversité. Il en est ainsi des religions comme des idées politiques. Ni le christianisme, ni l'islam, ni le bouddhisme, ni le scientisme ni le socialisme n'ont échappé à la gravité de cette loi. Il était prévisible que le libéralisme connaisse le même sort.

La puissance des libertés laïques issues des Lumières devait protéger et guider l'être humain vers son accomplissement : liberté et bien-être, les deux préalables du bonheur. Le libéralisme est la conjugaison d'un appétit d'émancipation politique et d'un souci d'efficacité économique. Il s'est construit contre l'absolutisme religieux et politique et le conservatisme économique. Il a incarné le progrès avec la certitude que demain serait mieux qu'hier. Cette vérité de ses deux cents premières années de croissance originelle a permis d'espérer une amélioration perpétuelle de la condition humaine tant la fertilité du terreau semblait inépuisable. Le socle intellectuel était solide et les aspirations profondes. Le libéralisme protégeait l'intérêt individuel, favorisait la libre concurrence et se portait garant des vertus de l'économie de marché de la démocratie et de l'État de droit. Tout était bénéfique pour la globalité de la société. L'État avait la légitimité régalienne d'être le garant des valeurs fondamentales.

Quarante plus tard, le constat sociologique est bien discordant. Beaucoup d'Occidentaux, ignorant les subtilités des programmes politiques, ont été encapsulés dans un discours de circonstance. Bien loin d'être libérés, ils sont canalisés vers une « réalité alternative » allant bien au-delà des jeux vidéo.

En moins d'un demi-siècle, des idées dites de gauche ont muté pour devenir le corpus de la pensée antérieurement dite de droite. Et réciproquement. La gauche se définissait par la défense des pauvres, « des veuves et des orphelins », alors que la grande bourgeoisie d'avant-guerre se réclamait des valeurs de patriotisme, de conservatisme, d'éloge du travail et de la famille. Une telle vision manichéenne du monde s'est désintégrée. Elle n'appartient plus qu'à d'irréductibles nostalgiques et il faut désormais distinguer les revendications économiques des demandes sociétales. Les défenseurs d'une gauche morale ne sont plus obligatoirement ceux d'une gauche économique. Wall Street, temple du capitalisme le plus dur, soutient le Parti démocrate à l'opposé des Républicains incarnant des principes de rigueur et de contrôle que l'oligarchie financière ne veut plus afficher. La déréglementation des métiers de l'argent a été défendue par des politiciens se réclamant de gauche : Bill Clinton le démocrate, Tony Blair le travailliste, Gerhard Schröder le social-démocrate, Matteo Renzi le centre-gauche issu du Parti communiste italien. Ils mettent en pratique le théorème du chancelier social-démocrate Helmut Schmidt en 1974 : « les profits d'aujourd'hui sont les investissements de demain et les emplois d'après-demain ».

En 1992, Bill Clinton et son administration accélèrent cette mutation néolibérale en passant d'un capitalisme industriel à un capitalisme financier prônant la déréglementation financière. Les grandes banques américaines en sont les chantres, pensant qu'elle va régénérer le développement économique. Aidé par la bulle internet, le succès fut total. Succès occultant le fait que les politiques qui suivirent ont favorisé la désindustrialisation de l'Occident, avec son cortège de conséquences humaines et sociales.

L'industrie est l'expression de la suprématie des arts et manufactures qui sous-entendent la discipline, l'effort et la rigueur. Concevoir et fabriquer un avion, un médicament ou un pont sont des actions collectives, réalisées dans le respect de contraintes acceptées. L'obéissance à la norme est la loi. C'est alors qu'apparaît une mutation avec le « capitalisme technologique » qualifié parfois de « cognitif ». Il ajoute une dimension libertaire et ludique, à condition que la performance financière reste l'unique finalité, contrairement à l'apparente « coolitude » de ses gourous. La littérature « *feel good* » apporte une légitimité sociétale à ce capitalisme qui dissimule la férocité de son avidité derrière une pensée dite positive.

Le *big business* s'est mis à soutenir les combats libéraux-libertaires pour les droits des minorités religieuses, homosexuelles, ethniques ou régionalistes, brandissant l'alibi de la défense des opprimés pour ouvrir de nouveaux marchés tout en soumettant financièrement un plus grand nombre. En se présentant en défenseur des minorités, le *big business* ne fait qu'étendre la souveraineté d'un néolibéralisme aux dépens de l'individu qu'il prétend défendre. Une association contre-nature s'élabore sous nos yeux entre les mouvements communautaristes et les secteurs de la technologie, de l'information et de la finance. La philosophe américaine Nancy Fraser[25] dénonce l'alliance entre les forces progressistes et les lobbys du capitalisme cognitif nourrissant un salmigondis dont les clés de compréhension sont réservées à un microcosme n'ayant pas d'autre objectif que de s'imposer financièrement.

25. Philosophe américaine, enseignante en science politique et en philosophie à la New School de New York. Elle développe une réflexion philosophique et politique sur les enjeux des sociétés contemporaines – et principalement de l'espace public – sur les fondements de la justice sociale et sur la reconnaissance dans le contexte de la globalisation.

On s'éloigne définitivement des vertus du libéralisme fondateur car sous l'apparente gratuité des plaisirs se cache la monétisation de toutes choses. Le libéralisme passe d'une connotation historiquement de gauche, incarnant le progressisme de la lutte contre le despotisme et l'obscurantisme, à la vision économique de la droite historique ayant tiré sa force de l'accumulation du capital.

La droite possédante, initialement plus favorable au protectionnisme et au conservatisme politique, plébiscite le néolibéralisme comme doctrine réformatrice en découvrant qu'il accélère son enrichissement. Libéralisme et néolibéralisme sont des territoires de la pensée qui se chevauchent et dont les contours sont de moins en moins tranchés. Les nuances entre les différents courants sont ténues et entre les néolibéraux libertariens de droite et les néolibéraux progressistes de gauche, on ne distingue plus la frontière.

La croissance économique d'antan, bio et fertile, répondait aux aspirations du libéralisme par un discours clair, compréhensible et très enthousiasmant. Le néolibéralisme perd cette transparence et cette intelligibilité. En s'appropriant l'apparente efficacité du néolibéralisme progressiste, la social-démocratie, ou « socialisme de gouvernement », contribue à brouiller les messages et les repères. La quête de croissance à tout prix attire un fourre-tout de sensibilités divergentes, mais convergentes sur l'impérieuse nécessité qu'elle soit forte même si elle n'est qu'apparente. C'est ainsi que se conjuguent des politiques de relance dites de l'offre ou de la demande. Terminologie manichéenne attribuée aux élus de droite et de gauche sachant qu'une bonne politique tend vers une offre répondant à la demande et réciproquement.

Estourbis par une confusion, organisée, des idées, des programmes et des slogans, il est très compliqué d'expliquer la transition de l'ancien mode de développement perpétuellement croissant à une phase de stabilité. Elle va exiger le meilleur de l'homme. Son imagination, son courage et son optimisme lucide lui permettront d'aborder le nouveau débat en espérant qu'il ne soit pas biaisé. Pour le moment, les politiques esquivent le problème en évoquant seulement une transition écologique sans la dissocier de la sacro-sainte croissance.

La perversité du néolibéralisme progressiste : un nouvel obscurantisme

Le néolibéralisme s'impose avec la chute du mur de Berlin et l'effondrement du bloc communiste. Non content d'avoir ainsi démontré la supériorité du libéralisme, l'Occident pousse à l'extrême les revendications d'une liberté économique et financière totale, d'une globalisation des marchés instituant la libre circulation mondialisée des êtres, des biens, des services, des idées et des capitaux. Cette lame de fond tire sa force de vents complices. D'une part l'angélisme prétendant apporter la liberté, la réduction de la pauvreté et une meilleure réponse aux attentes des consommateurs ; d'autre part, l'avidité dévorante voulant générer le plus de profit possible, encouragée par un prix

Nobel. Pour parvenir à ses fins, le néolibéralisme ne défend plus les intérêts du consommateur, il le prend au piège d'un entrelacs de relations numérisées visant à prendre le contrôle sur son jardin secret.

Le bien-fondé intellectuel de ce libéralisme new-look étant établi, les néolibéraux martèlent qu'il n'y a pas d'alternative comme le rappelle l'injonction de Margaret Thatcher[26]. Cette devise exprime une vision universalisée sortant du cadre des pays occidentaux pour conquérir la quasi-totalité de la planète. Ce courant devient hégémonique en rejetant toute pensée contrariante et en affichant sa condescendance à l'égard des contrariants qui ne peuvent être que des perdants ou des utopistes. Il est cyniquement admis qu'il y a des exclus : c'est dans l'ordre des choses, il est de bon ton de remettre en cause les mécanismes de redistribution et de solidarité ayant fait la fierté du modèle européen de l'après-guerre.

Outre l'insidieux passage d'une concurrence féconde à une lutte féroce de tous contre tous, le néolibéralisme confère à la croissance économique une position dominante sur les valeurs de démocratie, de progrès et de justice. C'est la suprématie d'une vision mécaniste de subordination des idées politiques à l'économie, troublante pour l'esprit. Il faut rappeler que cette suprématie bénéficie de l'inertie économique des siècles passés.

26. L'acronyme TINA, pour « *There Is No Alternative* » (« Il n'y a pas d'alternative »), est attribué à Margaret Thatcher. La Première ministre britannique considérait que toute alternative au néolibéralisme et à la mondialisation était vouée à l'échec.

Il existe des liens et des similitudes entre les travers du néolibéralisme progressiste et l'obscurantisme de l'Ancien Régime. L'aristocratie au pouvoir est hostile à toute réfutation du bien-fondé de sa doctrine. Elle réprimande de ce fait toute contestation. On n'« embastille » plus, on marginalise. Le néolibéralisme n'est plus libérateur mais créateur de soumission. Celui qui est doté des qualités d'excellence et de performance est reconnu par ses pairs et récompensé par des rétributions lui offrant les moyens d'une liberté matérielle. Les autres sont condamnés au halo social.

La fierté des intellectuels et leaders progressistes se concentre dans la promesse d'un progrès technologique, global, universel et perpétuel. L'unique progrès est la possibilité de s'affranchir des structures sociales traditionnelles telles que la solidarité, en donnant un accès illimité à tout ce que le digital peut apporter.

Pour Isaiah Berlin[27], penseur libéral, la forme primitive de la liberté était négative. Elle n'était qu'une délivrance des contraintes, incarnées par l'Ancien Régime. Cette liberté nécessaire est insuffisante. Il faut un degré plus élevé, qu'il qualifie de « liberté positive porteuse d'autonomie ». Cette liberté ultime n'est pas automatique, encore moins accessible en quelques clics. Elle est le fruit d'un

27. Philosophe politique d'origine lettonne, Berlin a inscrit toute son œuvre dans la tradition libérale. Il réfute la théorie marxiste du matérialisme historique. Pour lui, c'est la liberté de choisir de chaque individu qui est majeure. Isaïah Berlin est surtout connu pour ses réflexions sur la distinction entre les notions de liberté.

labeur, d'une conquête. Elle exige un acte d'une volonté acceptant l'effort et la contrainte.

Comme les courtisans, persuadés d'incarner le vrai et le bien, le néolibéral ne peut pas envisager la déchéance sociale. Sa fascination pour lui-même et pour le paradigme qu'il crée le rend sourd à toute idée de déclin, qu'il s'empresse de rendre inaudible car sa version du monde est le seul optimisme permettant de combattre un environnement dépressif. Le discours ainsi construit est sculpté pour une classe dominante et lui sert d'idéal et d'alibi.

Les partisans du système applaudissent quand Michel Foucault prédit que l'évolution ultralibérale force les individus à devenir des entrepreneurs d'eux-mêmes. Cette prévision, positive pour certains, oublie que les qualités requises pour être entrepreneur ne sont pas universellement partagées. Sauf si on remodèle l'âme humaine afin de correspondre à une version mécaniste de l'espoir.

Le néolibéralisme réussit à être à la fois le moteur intellectuel de la bulle des patrimoines et le support idéologique de l'unique moyen de sortir les pauvres de leur asservissement. Posture puissante de déculpabilisation de l'enrichissement qui devient le chemin à suivre pour l'ensemble du peuple.

L'autre similitude avec l'Ancien Régime est l'isolement des notables. Depuis quarante ans, une force centrifuge propulse les lauréats des plus grandes écoles et universités mondiales vers la cohérence formelle de la modélisation financière. Elle procure un sentiment de toute-puissance devant le tableur imposant les calendriers et les objectifs que les sujets doivent atteindre pour accéder au bonheur. Les modèles utilisés étant mathématiquement parfaits, tout problème ne peut provenir que des mécréants. Que de fois ai-je été contraint de me battre pour des chefs d'entreprise contre la cohérence du raisonnement qui m'était opposé. Refusant toute possibilité de réfutation, les sachants d'après 1970 éliminent la contradiction au motif qu'elle n'est pas cohérente. On se souvient que Jean-Jacques Rousseau[28] écarte tous les faits contraires à sa démonstration. Les dirigeants actuels sont de ce point de vue des utopistes au moment où l'histoire exige le plus de lucidité et de pragmatisme.

On pourrait s'accommoder de l'imbroglio des sophismes néolibéraux si la prospérité authentique était toujours présente. La synchronicité de sa propagation avec la disparition de l'abondance naturelle rend cette déviance exécrable. Le néolibéralisme n'est en aucun cas responsable de l'absence de prospérité. Le néolibéralisme est seulement coupable de l'avoir dissimulée. Puisqu'il est aux manettes de l'Occident et d'une partie du monde, il est répréhensible de ne pas avoir envisagé un plan supplétif du non-retour de la prospérité d'antan. C'est

28. Écrivain et philosophe suisse du XVIIIe siècle. Profitant d'une grande notoriété de son vivant à travers ses romans très diffusés, Rousseau veut marquer son époque avec différentes recherches et écrits sur l'homme, la société, les mœurs, la démocratie. Avant son ouvrage majeur *Du contrat social* de 1762, il publie en 1755 le *Discours sur l'origine et les fondements de l'inégalité parmi les hommes*. Une remarque de son introduction est mémorable : « Commençons par écarter tous les faits. ».

un manquement grave à la responsabilité du chef, car gouverner est toujours anticiper.

Les possédants ont été manipulés par le mirage de leur richesse illusoire. Pour le reste des citoyens, les politiques disposent d'autres mirages dont les trois principaux sont les taux de croissance, de chômage et d'inflation. Les deux premiers ayant fait l'objet de tout ce qui précède, regardons de plus près celui de l'inflation, préoccupante en cette période de guerre en Europe.

Les subtilités du taux d'inflation et de la fortune artificielle

La croissance du PIB est donnée en monnaie constante, c'est-à-dire après correction du taux d'inflation, donc de l'indice des prix. De ce fait, les gouvernants ont intérêt à ce que l'inflation augmente modérément pour avoir un double effet positif sur les citoyens-électeurs : un taux de croissance plus élevé, gage d'espérance, et un pouvoir d'achat protégé.

Les comptables publics étant sous le contrôle des gouvernements, il est tentant d'augmenter la croissance affichée en réduisant l'inflation par un dosage subtil des produits et services constituant le « panier » du consommateur, base de l'indice des prix. Le débat est sans fin sur la composition de ce panier et la pondération donnée à chaque élément jusqu'au moment où le prince fait l'arbitrage qui lui convient. Pour justifier son choix, il s'appuie sur des analyses sociologiques devant cerner au plus juste le comportement des consommateurs !

Par exemple, on constate que depuis l'an 2000, les prix de l'informatique, des télécommunications, de la télévision, des jeux et jouets ont baissé de moitié, alors que ceux de la maintenance automobile, des soins, de l'éducation, du logement, de l'eau, de la protection sociale et de l'alimentation ont augmenté de 50 %. Bien choisir le panier est objectivement complexe et sujet à arbitrage et compromis. Il n'existe pas de remède absolu à l'opposition arbitraire entre la recherche de vérité et la volonté politique.

Pour illustrer la subtilité des choix, rappelons l'anecdote sur le prix du bœuf aux États-Unis. Alors que le filet mignon était historiquement un des éléments du panier, dès l'instant où son prix s'est envolé, les comptables publics le remplacèrent par le steak haché dont le prix était plus raisonnable. Entre-temps, *The Economist* avait eu en 1986 l'idée de créer un indice Big Mac, nom du plus célèbre sandwich de la société McDonald's et l'un des produits les plus consommés au monde. Quand on compare l'évolution de son prix avec celle des prix à la consommation américaine, on constate qu'entre 1986 et 2001, les évolutions sont corrélées. En revanche, depuis 2001, le prix du Big Mac croît plus vite que l'indice officiel. Il est actuellement supérieur de 15 % à l'indice des prix américains.

Winston Churchill disait bien : « Je ne crois aux statistiques que lorsque je les ai moi-même falsifiées ».

Milton Friedman, en sa qualité de père du courant « monétariste » ayant réactualisé la théorie quantitative de la monnaie, permet une compréhension de la forte poussée inflationniste de 2022. Elle n'est pas, contrairement aux discours officiels, seulement la conséquence des dysfonctionnements de la pandémie ou de la guerre en Ukraine mais bien des excès du laxisme monétaire des décennies passées. C'est l'augmentation de la masse monétaire qui est la cause unique de la hausse des prix. Il précise que « l'inflation est toujours et partout un phénomène monétaire car elle ne peut être générée que par une augmentation de la quantité de monnaie plus rapide que celle de la production ». C'est pourquoi il anticipe la « stagflation », qui associe une croissance faible et une inflation forte. Il recommande en pareil cas de lutter en premier lieu contre l'inflation, phénomène dangereux pour le fonctionnement de l'économie. Il faut réduire la masse monétaire et augmenter les taux d'intérêt. C'est sous cet angle qu'il dénonce les politiques de relance alimentant une surchauffe et aggravant la crise. Les néolibéraux exploitent les mécanismes leur convenant en refusant d'en assumer les conséquences.

En l'espace d'un demi-siècle, le cœur du réacteur de nos sociétés n'est plus la production de richesses réelles mais la création de valeur patrimoniale.

Sous certaines conditions, déjà évoquées, cette valeur s'emballe telle une tornade qui se nourrit d'elle-même. Elle crée des cercles concentriques de bénéficiaires dont l'euphorie se propage à la surface de toutes les communautés contribuant à son essor. Puis elle perd de sa force en s'éloignant de son épicentre. Les groupes professionnels qui s'enrichissent convergent inexorablement vers l'industrie du luxe sous toutes ses formes. À leur périphérie se trouvent des intellectuels, des enseignants et des médias. Convaincus des bienfaits de ce processus, ils propagent ce message d'espoir en nourrissant les rêves de tous ceux et toutes celles qui veulent vivre une success-story.

L'onde inflationniste des actifs s'est répandue par des bulles successives dans les différentes classes d'actifs que sont le foncier, l'immobilier, les devises, les actions, les matières premières et les objets d'art. La succession des bulles et de leurs implosions conduit des observateurs à relativiser l'angoisse des phases de déclin puisqu'elles sont suivies de hausses, annulant les baisses précédentes. Cette vérité d'antan est-t-elle toujours d'actualité quand on rappelle que la planète a atteint, voire dépassé, le paroxysme de son endettement qui est un point de non-retour ?

L'observation de la bulle du marché de l'art et en particulier de l'art contemporain est passionnante. Les aventuriers de la ruée vers l'or étaient à la recherche d'un filon. Ceux de la ruée vers l'art fabriquent leur propre filon. Ces aventuriers-là ont une science intime que toute envolée de l'illusion précède la boursouflure des prix. Ayant compris, avant tout le monde, la migration du marché de l'art vers un art financier, ils créent artificiellement une devise tout aussi relative et volatile que les cryptoactifs.

Ces marchés, assez opaques, sont les rares domaines ayant bénéficié des effets richesse et ruissellement.

Une fois de plus, le discernement germanique s'oppose aux folies néolibérales anglo-saxonnes. Par la voix de son ancien ministre des Finances, Wolfgang Schäuble[29], la Banque centrale européenne est coupable d'une politique de taux d'intérêt nuls ou négatifs, source d'appauvrissement des ménages qui fournissent un effort d'épargne non rémunérée et des retraités n'ayant plus le complément de revenus pérennes et garantis des obligations d'État.

L'inflation de 2022 est-elle durable ? Les détenteurs du pouvoir mondial, gouvernements, banquiers centraux et grands investisseurs se refusent à l'envisager tant ils sont persuadés qu'un tel retour en arrière est inconcevable. Aussi vont-ils réagir avec précaution pour ne pas casser l'équilibre fragile entre la création monétaire indispensable à la fausse croissance et l'augmentation des taux et autres mesures restrictives pour combattre l'inflation. Il leur est impossible, aujourd'hui, d'admettre une régression de la mondialisation heureuse.

Les crises en cours dévoilent les conséquences dramatiques d'être devenus si dépendants de l'énergie, des matières premières et des composants. Même si un mouvement inverse de la mondialisation n'est pas d'actualité,

29. Wolfgang Schäuble estime que la Banque centrale européenne doit sortir de sa politique monétaire ultra-accommodante, car les taux d'intérêt trop bas avaient causé trop de difficultés. *Voir* Michael Nienaber, « La BCE doit vite engager la normalisation, dit Schäuble », Reuters, 13 juin 2017.

chaque relocalisation d'un produit ou d'un service actuellement sous-traité dans un pays émergent contribuera à une augmentation des prix. Ce retournement naissant va à l'encontre du consumérisme mondialisé justifiant des excès antérieurs.

6. Des suggestions

Devant l'ampleur des nouveaux périls auxquels nous sommes confrontés, il n'existe pas de solution magique, unique, rapide et universelle. Analysons quelques propositions pour initier le débat à ouvrir dans l'urgence.

L'ordre des priorités : rechercher la pérennité

L'Occident est devant un choix restreint : ne rien changer, tout renverser ou s'adapter.

La première option est la poursuite de l'acharnement des politiques économiques et financières ayant conduit à la situation actuelle. Elle apaisera un peu les colères immédiates mais en entravant plus gravement encore toute possibilité de pérennité de nos sociétés, en répondant aux injonctions fatales :

- « *As much profit as possible* » de Milton Friedman en septembre 1970, qui implique l'épuisement progressif des entreprises et de leurs actionnaires qu'il veut défendre.
- « *Whatever it takes* » ou « quoi qu'il en coûte » de Mario Draghi en 2012 pour créer l'effet richesse, qui est en

réalité un effet patrimoine, voulant rassurer les marchés financiers.
– Le « quoi qu'il en coûte » d'Emmanuel Macron en mars 2020 a pour but de rassurer les citoyens et les agents économiques.

Pour répondre à ces impératifs, il n'est pas d'autre option que la poursuite d'une augmentation perpétuelle du couple « dette/crédit », une des drogues les plus addictives.

La seconde option est incarnée par des anticapitalistes, des pseudo-écologistes bornés et des altermondialistes. Il suffirait, selon eux, de renverser le système pour retrouver l'insouciance d'un bonheur individuel et collectif. On opterait pour la décroissance ou la post-croissance avec le retour d'idéologies comme l'utopie de l'autogestion. Beaucoup en rêvent, ignorants des lois universelles selon lesquelles toute révolte fait tomber la tête des coupables désignés à la vindicte pour les remplacer par d'autres qui s'installeront avec leurs turpitudes.

Entre la poursuite suicidaire d'une croissance à crédit et la décroissance comme nouvelle espérance, choisissons la capacité d'adaptation des humains, composante majeure de leur intelligence.

Fixer l'ordre des priorités est le premier des enjeux.

Dans l'univers de l'investissement, fortement inspiré des pratiques anglo-saxonnes, la documentation juridique se termine parfois par la mention soulignant que le temps est primordial (« *time is of the essence* »). Cette formule rappelle, pour les parties prenantes aux contrats, le rôle prédominant de la gestion du facteur temps. Dans sa mise en œuvre, c'est le calendrier des priorités qui prime sur toute autre considération.

Ayant été toute ma vie professionnelle sous le joug de l'immédiateté, je suis particulièrement sensible à l'obligation de connaître le temps dont on dispose avant l'action. Résoudre une problématique financière, industrielle ou sociale s'inscrit d'abord dans le temps.

Dans les mois et années à venir, la gestion du temps représentera un compromis subtil entre la dictature de l'immédiateté, répondant à l'impatience des peuples, et la prise en compte des impératifs de pérennité. Cette dernière est contradictoire avec l'injonction de Milton Friedman d'un maximum de profit, sous-entendu immédiat. Cette contrepartie est une orientation pernicieuse de la feuille de route donnée aux chefs d'entreprise. Ils peuvent satisfaire l'objectif néolibéral en mettant sous pression le management, puis l'ensemble des salariés, au détriment d'une recherche de durabilité. Pour des investisseurs avertis, un projet à long terme n'est qu'un projet à court terme ayant mal tourné !

Se pose alors la question de la compatibilité entre la recherche du profit immédiat et les recommandations de RSE (responsabilité sociale ou sociétale des entreprises). Cette responsabilité a été définie par des textes préconisant un acte volontariste des acteurs économiques pour répondre aux enjeux d'un développement « durable ».

C'est l'ambiguïté du paradigme. On concilie son côté écolo en cherchant les moyens d'obtenir une bonne notation RSE, très centrée sur le bilan carbone avec l'étiquette néo-libérale tout en tirant le maximum du profit possible. Les autorités de surveillance de cet indicateur, comme la Banque de France ou la Banque publique d'Investissement, dans le cas de la France, doivent de toute urgence exiger que les moyens mis en œuvre pour assurer la durabilité en termes de neutralité carbone soient conçus sous l'angle de la pérennité ou de la longévité de l'entreprise.

Pour en avoir parlé avec des organismes d'aide à la construction d'un bilan RSE, ce critère de pérennité est particulièrement complexe, et n'est même pas abordé pour le moment. Il doit devenir le critère primordial.

D'autres voix s'élèvent : d'Augustin de Romanet[30] à Zaki Laïdi[31] en passant par Gilles Finchelstein[32], dénonçant la tyrannie de l'urgence. Les gouvernements, les régulateurs et les entreprises freinent sur ce sujet de peur d'inquiéter les marchés financiers ou les populations élevées dans l'impatience. Les membres des G7, G8 ou G20 peuvent

30. Haut fonctionnaire et chef d'entreprise français, ancien directeur général de la Caisse des dépôts et consignations. Il publie en 2012 *Non aux 30 douloureuses*, recommandant notamment d'avoir une vision long terme de la politique.
31. Politologue français, Zaki Laïdi étudie la transformation du système international et la place de l'Europe au cœur de ce système. Parallèlement à cet axe d'étude, il se consacre à des recherches sur les questions de temporalité politique et sur le rétrécissement du temps politique à travers la sacralisation du présent.
32. Universitaire français et conseiller d'hommes politiques. Écrivain de plusieurs ouvrages dont, en 2011, *La Dictature de l'urgence*.

parfaitement éradiquer les plus mauvaises pratiques de ce despotisme contraire à une vision sereine de l'avenir, condition préalable au retour de l'optimisme. Il faudrait pour cela que les chefs d'État et de gouvernement composant ces instances acceptent mon constat.

Pour restaurer l'objectif de longévité, il faut enseigner, dès les écoles de commerce et de management, la contribution des personnages de l'histoire au succès de l'Occident. Parmi eux, l'exemple de Colbert[33] est emblématique. En 1669, il fait signer au roi une grande Ordonnance fixant les règles d'exploitation forestière tenant compte de l'état des forêts et de leur capacité de renouvellement. Proposer aux petits marquis férus de modernité qu'un contrôleur des finances du XVIIe siècle soit l'exemple à suivre va générer quelques ricanements...

Admettons un instant que le changement de paradigme soit vite envisagé. Il nécessite un sas de dépressurisation dans lequel il faut réguler la fréquence des publications statistiques. L'allongement de la durée de référence des grandes données économiques ne supprimera pas les pulsions égoïstes et immédiates, mais il permettra de les atténuer. Un tel changement de référence au facteur temps réduira l'impatience des agents économiques.

L'optimiste actif que je prétends être déteste être pris de court, car le manque de temps réduit le champ des

33. Homme d'État du XVIIe siècle, il est contrôleur général des finances du royaume de France sous Louis XIV et également secrétaire d'État de la maison du roi. Jean-Baptiste Colbert est reconnu pour la rigueur de sa gestion et de sa vision à long terme.

possibles. Il faut un minimum de temps pour concevoir des solutions dont la complexité est proportionnelle à celle de la situation dans laquelle on se trouve. Je comprends l'intention du photographe Yann Arthus-Bertrand disant qu'« on ne peut plus être pessimiste car il est déjà trop tard » mais je veux la tempérer. Même si le chantier est considérable, je crois dans l'affirmation d'Einstein selon laquelle l'imagination est plus importante que le savoir. Oui, on trouvera les solutions à la condition d'être capables de se détacher de deux cents ans de théories séduisantes mais désormais obsolètes.

L'optimiste actif est l'unique porteur d'une vision positive. Celle de la politologue Hannah Arendt recommandant, dans un ordre précis, de se préparer au pire, d'espérer le meilleur et de prendre la vie comme elle vient. D'autres chercheurs partagent l'idée de commencer par soupçonner les difficultés, puis d'envisager leur gravité, de constater qu'elles perdurent et enfin de trouver des solutions. L'optimiste actif prend en compte la réalité, il est enthousiaste, il associe le pragmatisme et la motivation. Il n'est pas le ravi de la crèche. Il n'est pas crédule. Jean Monnet, un des pères de l'Europe, revendiquait ne pas être optimiste mais déterminé. L'espoir est dans les hommes et les femmes de demain ayant cette étoffe-là.

La planification centralisée est morte avec la chute du mur de Berlin. Aux politiques de favoriser la renaissance des moyens d'incitation, de régulation et de sanction.

Autonomie et indépendance

Le cap étant fixé, comment atteindre l'objectif très ambitieux de liberté, d'autonomie et d'indépendance ?

L'économie politique se réduit à un ensemble de préceptes dont il faut toujours se demander qui les énonce, et dans quel but. Une « bonne politique » est une prise de position, subjective, mais dont l'objectif doit être l'humanité dans sa globalité puisque individuellement nous en serons toujours membres et dépendants. Ce qui est bon pour les autres doit l'être pour moi et non pas l'inverse. Libéral convaincu, je pense qu'il est suspect de lire ou d'entendre des préconisations qui se revendiquent vertueuses mais qui ne sont que des injonctions. Le doute méthodique doit s'appliquer en toute chose.

La liberté au sommet de notre maison commune n'admet pas de degrés. Nous ne sommes pas « plus » ou « moins » libres selon les circonstances. Il faut tendre vers une liberté intégrale sans tenir compte des sollicitations extérieures, nous affranchissant des déterminismes qui réduisent l'espace de cette liberté.

En réponse aux violences et tragédies évoquées précédemment, j'ai la conviction que la recherche d'autonomie doit préserver la soi-disant liberté que l'on trouve sur les étagères de tous les partis politiques. Pour cela, la lucidité est essentielle. À part l'ermite, l'individu totalement autonome est une illusion idéaliste. Cet idéal ne résiste pas à l'examen des déterminismes sociaux et des précarités tant physiologiques que psychiques qui pèsent sur lui. L'autonomie est un rêve inaccessible pour la majorité des individus, constitués des liens sociaux et affectifs, mais ce rêve doit être protégé. Il faut préparer les esprits à l'exploration d'un niveau d'autonomie suffisant pour choisir le plus librement possible sa liberté.

Nous espérons satisfaire cette recherche en nous émancipant de l'arbitraire des désirs et de tous les autres déterminismes. La décision de l'autonomie est d'une nature toute différente de celle de nos choix quotidiens, elle relève d'un choix rationnel, intemporel, insondable et inexplicable, c'est-à-dire un choix véritablement libre.

La liberté est devenue un outil de manipulation dans le modèle ultralibéral. En érigeant l'égoïsme en loi universelle, les dominants l'utilisent comme méthode dirigeant et gouvernant les hommes afin de les convaincre qu'ils agissent librement.

Croire que l'homme est libre quelles que soient les circonstances, ce serait rester aveugle aux différences sociales, biologiques, ethniques et de nationalité qui l'entravent et le pétrissent.

Nos convictions doivent nous aider à nous tenir à égale distance d'un conservatisme rétrograde et des utopies toxiques en écartant le danger d'une propagande de l'individualisme moderne qui tend à séparer l'homme du réel. L'autonomie devient alors le symbole de sa servitude volontaire. En agissant en être autonome, on dépasse les obstacles que l'existence place sur la route.

Retrouver un marché plus concurrentiel

Même Adam Smith, père fondateur de la science économique moderne et du libéralisme, émettait des réserves quant à la possibilité d'un marché naturellement équilibré. Or le marché est au cœur de l'écosystème. Version moderne de l'agora antique où se confrontaient les idées, les biens et services marchands, il doit redevenir celui d'avant 1970. Au début de ma vie professionnelle, les lois antitrust de part et d'autre de l'océan Atlantique étaient des outils puissants et efficaces pour garantir un minimum d'équité entre les agents afin que l'économie dite de marché soit une vérité représentative des principes démocratiques.

N'en déplaise aux régulateurs prétendant être toujours vigilants, il est notoire que la constitution de groupes internationaux entrave les marchés. Parce que certains groupes ont pris des risques exorbitants, on a écrasé les principes de base de la libre concurrence pour assurer leur rentabilité future.

Qu'il incarne un idéal ou un écosystème, le libéralisme repose sur un marché dont on veille à ce qu'il soit le plus proche possible d'un état de concurrence pure et parfaite. En s'accommodant d'une concurrence imparfaite, le néolibéralisme a fragilisé sa pierre angulaire. Au-delà des ententes faisant parfois l'objet de sanctions spectaculaires, une exploitation pernicieuse des progrès techniques se fait jour. Isabelle de Silva, responsable de l'Autorité française de la concurrence, s'est interrogée sur l'utilisation des algorithmes, par nature opaques, pour la détermination des prix dans certaines enchères. L'Américaine Cathy O'Neil[34], lui emboîte le pas dans l'ouvrage *Weapons of Math Destruction* (2016) (*Algorithmes : la bombe à retardement*). Elle démontre que les algorithmes ne sont rien d'autre que des choix subjectifs, des opinions, voire des préjugés, insérés dans des équations mathématiques. Ces outils coercitifs sont des instruments d'évaluation et de notation constituant une idéologie propagée par les pouvoirs publics, les industriels et les géants de l'Internet. Elle s'inquiète de la possibilité qu'une poignée de propriétaires des données numériques mondialisées puisse déjouer tous les mécanismes souverains et séculaires d'un vrai marché en contrevenant au principe fondamental de la liberté économique.

Une fois la recherche de pérennité reconnue comme l'axe prioritaire de toute nouvelle politique, la seconde mesure sera, par voie de contrainte, de casser quelques-uns des monopoles restreignant la libre concurrence. Retrouver un marché concurrentiel doit avoir comme objectif ultime de freiner, à défaut d'éviter, la réduction des emplois, première source de chaos.

Cette éventualité n'est pas une ineptie puisque même le Congrès américain se penche sur une réforme majeure

34. Mathématicienne américaine qui a alerté sur les dangers et les impacts des algorithmes et sur la nécessité de contrôler leur conception pour prévenir des dérives potentielles de leurs usages.

de loi anti-trust. Google, Apple, Facebook et Amazon, les géants de la tech, seraient touchés par de possibles démantèlements. On passerait des simples amendes, spectaculaires pour l'opinion publique mais dérisoires et indolores pour les entreprises, à des mesures coercitives visant leur morcellement. Cette potentielle réforme n'est plus de l'antitrust mais de la régulation, constatent les spécialistes qui restent néanmoins dubitatifs, car les groupes ciblés soulignent que ce sont les consommateurs qui finissent par en payer les frais.

Mesurer et oser

Les avancées de la métrologie ont toujours contribué à la progression des sciences et, d'une manière générale, des connaissances. Bien mesurer signifie d'abord avoir bien compris ce qu'on veut quantifier. Ce n'est qu'à partir de 1950 que l'OCDE et l'ONU vont définir les principes régissant les comptabilités nationales et permettre de calculer la production des pays. Les produits intérieurs bruts étaient nés. Leur objectif est d'avoir une connaissance précise de l'activité économique permettant aux États de prendre les mesures les mieux adaptées à leur développement. D'ailleurs, dès 1960, sociologues et économistes s'interrogent sur le rapport entre le PIB et le bien-être, entre sa croissance et le progrès social.

Au-delà des questions comptables que soulèvent ces avertissements, l'écart entre le chiffrage de ces deux indicateurs et leur perception par les opinions publiques révèle un problème de sémantique.

Comment la prospérité devant être quantifiée est-elle passée, imperceptiblement, d'une valeur *absolue* à une valeur *subjective* pour devenir une valeur *relative* ?

La valeur absolue est la plus connue et la plus simple : c'est celle de la détermination historique du produit intérieur brut. Les valeurs ajoutées, correspondant à toutes les transactions monétarisées de biens et services marchands, sont simplement additionnées. Aucun retraitement n'est requis. On est en présence d'une richesse absolue.

La subjectivité d'un PIB doit tenir compte de l'évolution des populations. Leur mesure n'est plus pertinente car elle répond aux comportements des générations antérieures à 1970 axés sur la possession. Les consommateurs contemporains sont davantage en recherche d'un usage, d'un accès ou encore d'une expérience. La transaction monétaire ne reflète plus l'entièreté de la richesse produite. Sa comptabilisation est plus délicate à définir. Cette difficulté est accentuée par l'idée que la nouvelle économie permet d'accéder a des biens et services à titre gratuit, augmentant la part d'intangibilité et d'immatérialité qui requiert des méthodes encore moins déterministes et plus subjectives. Dans la même veine, se greffent les nouvelles tendances d'une « économie de la contribution » par opposition à celle de la production qui prédomine encore. Dans cette mouvance, producteurs et consommateurs seraient interchangeables, le contenu de l'échange devient plus intangible, la valeur produite/échangée n'est pas nécessairement monétisable. Les recherches se multiplient pour trouver une méthode répondant à ces enjeux. Lars Osberg et Andrew Sharpe[35] imaginent un indicateur de bien-être économique (IBEE). Cette méthode est reprise par l'OCDE car elle prend en compte diverses statistiques d'origine financière, comptable, démographique, sociale et psychologique. Dans le même esprit, le PNUD (Programme des Nations unies pour le développement) élaboré dans les années 1990 veut définir un indicateur du niveau de développement humain (IDH). La commission Stiglitz a mené ses propres travaux sur ce sujet en 2008 à la demande du président Nicolas Sarkozy. Elle réunissait, entre autres, des spécialistes des NIR (nouveaux indicateurs de richesse) dont les professeurs français Jean Gadrey, Florence Jany-Catrice[36] et Dominique Méda, reconnus sur ces sujets. Il existe aussi les recherches d'Eurostat en association avec l'OCDE sur la création du « *Better Life Index* » (indicateur du mieux-vivre).

Il reste que toutes ces recherches d'indicateurs pertinents ne tiennent pas compte de leur caractère relatif tant que l'endettement pour générer la prospérité devant être

35. Ces économistes canadiens ont présenté des statistiques relatives à six pays de l'OCDE, comparant la croissance du PIB et celle de leur indice synthétique, l'indicateur du bien-être économique. Leurs résultats ont été repris dans le rapport de l'OCDE de 2001 sur le capital humain et le capital social.
36. Jean Gadrey et Florence Jany-Catrice sont les auteurs du livre *Les nouveaux indicateurs de richesse* (La Découverte, 2005), dans lequel ils rappellent les critiques sur la croissance du PIB, principal critère de performance des nations. Ils présentent de nouveaux indicateurs, fondés sur des visions alternatives de la richesse des nations, s'intéressant tout autant au développement humain qu'à la santé sociale et à la soutenabilité écologique.

mesurée n'est pas pris en compte. La prospérité serait sur le plan comptable une « prospérité nette ».

L'Occident est devant l'alternative de conserver ne serait-ce que l'idée de la croissance ou de l'abandonner ! Osons un instant l'hypothèse d'abandonner l'idée de croissance. La nouveauté serait de lui substituer un indicateur d'« activité socialement pérenne ». Indicateur nécessairement imparfait mais sans la nocivité d'un dopage.

Dans les années 1970, quand des chefs d'entreprise voulaient afficher leur fierté, ils affichaient le nombre de leurs employés. Quelques années plus tard, la fierté du chiffre d'affaires était devenue plus flatteuse. Dans l'univers actuel, c'est leur capitalisation, c'est-à-dire leur valeur financière. Ce cheminement révèle les effets de la financiarisation aux dépens de la primauté de l'emploi. La Commission européenne peut promulguer une directive d'élargissement de l'obligation du rapport RSE (responsabilité sociale entreprise) visant à privilégier l'emploi. Elle augmenterait le nombre d'entreprises concernées et les obligerait à préciser le nombre d'emplois, en équivalent temps plein, créés et maintenus, directement et indirectement, sur une période de cinq ans. Cette information pourrait être la base d'une bonification fiscale ou financière.

La croissance est morte, vive l'activité économique ! Concomitamment, les statistiques concerneraient le taux d'emploi plus que le taux de chômage, la mesure du patrimoine productif en comparaison du stock de dettes, l'espérance de vie en bonne santé comme mesure objective du bien-être ainsi que le suivi des inégalités et du niveau d'éducation. L'affichage de la consommation de carbone serait exigé en toute chose au même titre que l'évolution quantifiée de la biodiversité et le solde des ressources naturelles post-recyclage.

Envisager une expansion économique proche de zéro, voire légèrement négative, n'est pas tragique si l'on protège la durabilité du volume d'activités.

Le financement et le modèle rhénan

L'Occident clôture une période d'argent magique, d'argent facile dont la profusion et la quasi-gratuité l'a écarté du progrès bénéfique. D'autant plus magique que cet argent, n'existant pas, va disparaître sans effacer la reconnaissance de dette qui l'a créé !

La réponse aux menaces conséquentes de cet état de fait réside dans les vertus de l'économie sociale européenne, inspirée de l'ordolibéralisme de l'école de Fribourg. Elle répond aux nécessités d'un développement équilibré et durable. Lors de la conférence de l'OCDE, le 19 février 2014, la chancelière allemande Angela Merkel a résumé les bienfaits de cette politique en trois chiffres : *« L'Europe produit 25 % du PIB mondial avec seulement 7 % de sa population, mais elle assume près de 50 % des dépenses sociales de la planète »*. Améliorer cette performance est impossible. La préserver est le défi. De formation scientifique, la chancelière est persuadée qu'il suffit que l'Europe conforte sa force d'innovation et sa compétitivité. Pour réussir à la maintenir, comme les autres chefs d'État, elle ne peut pas envisager un monde de fausse croissance. D'autant moins que son pays est l'un des très rares exemples contredisant pour le moment les éléments de mon constat. En l'absence de véritable croissance, la quiétude sociale devient l'objet central du progrès. Concevoir et mettre en œuvre cette nouvelle étape de la condition humaine doit s'inscrire dans un chemin critique, nécessairement disruptif, puisque toutes les étapes sont à imaginer sans référence aux anciennes théories dominantes. Le contenu et l'enchaînement des étapes d'un plan B seront les clés du succès, ou de l'échec. Tout plan B suppose d'avoir une vision précise de son objectif. Je n'en vois pas d'autre qu'un grand dessein progressiste de réconciliation des exigences du capitalisme tenant compte du rôle primordial des êtres humains.

L'économiste français Michel Albert a effectué ce travail et l'a résumé dans son ouvrage *Capitalisme contre capitalisme* qui analyse la coexistence entre le capitalisme rhénan et le capitalisme anglo-saxon.

Le modèle rhénan concerne tous les pays limitrophes du Rhin, fleuve qui traverse la Suisse, l'Allemagne, la France, le Luxembourg, la Belgique et achève sa course aux Pays-Bas. Pour des raisons historiques, cette vision se retrouve dans les économies scandinaves du Danemark, de la Norvège, de la Suède et de la Finlande. Cette dizaine de pays se différencient du reste du paradigme mondialisé, sachant que la France est dans une situation plus ambiguë, à cheval entre les deux modèles, alors que très étrangement, le Japon présente des analogies avec ce modèle.

La différence repose tout particulièrement sur le mode de financement de l'économie. Le capitalisme rhénan donne un rôle plus important aux banques, alors que les Anglo-Saxons privilégient celui de la bourse et des investisseurs institutionnels. Ce sont la robustesse et la longévité des entreprises de l'Europe septentrionale qui leur permettent de trouver plus aisément du crédit bancaire pour financer leur développement. Au contraire, les entreprises anglo-saxonnes se trouvent plus assujetties aux investisseurs, dont les motivations sont strictement financières et court-termistes. Le taux d'autofinancement élevé des entreprises rhénanes permet d'assurer la dimension long terme de leur économie. Ces deux caractéristiques sont la source d'une plus grande autonomie des chefs d'entreprise, moins prisonniers des exigences d'investisseurs anonymes. La différence la plus porteuse d'espoir réside dans le fait que le *rhénanisme* prend en considération les intérêts de toutes les *parties prenantes* (*Stakeholders*) par opposition aux intérêts plus limités des *actionnaires* (*Stockholders*). Le débat, la concertation et le compromis sont au cœur de l'écosystème germanique. Il favorise des partenariats avec les collectivités locales, les clients, les fournisseurs et les employés. Aidée par un dialogue entre de puissants syndicats patronaux et salariés, cette gestion plus globale limite à la fois l'interventionnisme de l'État et l'activisme des investisseurs financiers.

Cette approche est en totale contradiction avec les recommandations du néolibéralisme de Milton Friedman. La levée de boucliers des conservateurs américains contre les bienfaits de la gestion rhénane de l'économie est inquiétante car elle affiche leur ostracisme à l'égard d'une politique économique dont la dimension sociale est la seule permettant d'éviter le pire.

L'impératif de Friedman, le 13 septembre 1970 dans le *New York Times*, mettait fin au débat de General Motors sur le périmètre de son objet social. Alors que certains analystes considèrent qu'il était du devoir de la première entreprise mondiale d'avoir un objet tout aussi social que financier, Friedman tranche par l'injonction selon laquelle le seul but de l'entreprise est de générer le maximum de profit possible. Étant acquis que toute organisation humaine, à but lucratif ou non, doit impérativement générer un surplus pour assurer sa survie, seul l'objectif d'un maximum pose un problème.

Dans sa quête pour privilégier les actionnaires au détriment des autres parties prenantes de l'entreprise, la version anglo-saxonne du capitalisme a franchi la ligne jaune de sa légitimité, à savoir de sa rémunération. Durant l'âge d'or de l'expansion britannique sous le règne de Victoria et américaine à l'époque d'Abraham Lincoln, le capitaliste était craint mais respecté car il tirait sa fortune de ses prises de risque. La liste est longue de ces capitaines de l'industrie, du commerce et de la finance ayant bénéficié de rendements du capital de 30 ou 40 % l'an. Conformément au principe de baisse tendancielle des taux de profit, ces niveaux de rendement se sont raréfiés.

C'est dans cet environnement que le chiffre de 15 % de rendement recherché est apparu, en une génération, comme le critère d'éligibilité de tout projet d'investissement.

Étant donné que la majorité des entreprises matures n'ont que des rendements naturels entre 4 et 8 %, la nécessité de mettre du levier, donc de la dette, est incontournable. Cela étant, l'usage du crédit signifie que les entreprises supportant cette dette financière ont un faible niveau de risque qui ne justifie pas le niveau d'exigence d'un rendement élevé. On a brisé la règle de proportionnalité de la rémunération du capital et de la prise de risque correspondante.

L'American Research and Development Corporation, pionnière du capital-risque, a été créée avant-guerre par le général Georges Doriot[37], français émigré aux États-Unis. J'ai gardé en mémoire les idées centrales de son enseignement à l'université d'Harvard : « Il faut bâtir des entreprises pour le long terme et non pour un retour sur investissement rapide. Ces derniers sont le résultat d'un travail et en aucun cas un objectif. Un investisseur ne doit pas être un spéculateur mais un bâtisseur ». Depuis

37. Dans son édition du 29 novembre 1999, le *Wall Street Journal* a classé Georges F. Doriot parmi les dix personnalités ayant marqué le monde des entrepreneurs. Il n'existe que deux ouvrages consacrés à sa vie : *The First Venture Capitalist* par Udayan Gupta (Gondolier, 2004) et *Creative Capital* par Spencer E. Ante (Harvard Business Review Press, 2008).

plus de soixante ans, les diplômés d'Harvard appliquent l'inverse de ces préceptes.

La promotion persistante de l'« *American Dream* » de faire fortune empêche de voir la montée de la détresse et du découragement. Pouvant imprimer de la monnaie-dette sans provoquer son effondrement, le dollar reste conforme à la remarque de John Connally, ancien secrétaire américain du Trésor : « Le dollar est notre monnaie et votre problème ».

Certains conservateurs américains pensent que la lutte politique future ne se situera plus entre la gauche et la droite, mais entre la classe dirigeante et le reste de la population. Ils réfutent l'apparente supériorité sociale du modèle rhénan considérant qu'ils ont été, eux, les pionniers en matière de participation des salariés aux décisions et au profit des entreprises. Les États-Unis revendiquent d'avoir construit un capitalisme de partage reposant sur une gamme étendue de modalités juridiques et fiscales d'intéressement des salariés. En d'autres termes, ils persistent à récompenser davantage le côté actionnaire du salarié au détriment de toute reconnaissance et gratification de son emploi.

Le paradigme a besoin d'une transformation radicale et disruptive, vitale pour la survie de la démocratie libérale et de l'économie de marché. L'extension du rhénanisme reviendrait à l'idéal d'une rémunération conjointe du capital et du travail. Cette belle et généreuse idée a été proposée par des centaines d'intellectuels et des politiques, débattue depuis des décennies mais n'a trouvé de réponse que dans l'esprit du modèle rhénan.

L'adoption des principes d'un capitalisme germanique n'empêche pas l'Allemagne d'être un géant aux pieds d'argile. Son choix délibéré d'être le champion mondial des biens d'équipement, d'une robustesse et d'une sophistication inégalées, l'assujettit à la santé des émergents qui sont eux-mêmes trop dépendants de la prospérité occidentale... Des arbitrages sont en vue dans ce pays et tous ceux qui en dépendent, en particulier l'ensemble des pays de l'Euro !

L'esprit d'entreprendre

Il n'est pas incompatible de dénoncer la fausse croissance et de faire l'éloge de la croissance microéconomique. Dans la période de contraction qui s'annonce, l'esprit de croissance et d'entreprise doit être ressuscité dans le sens défini par Schumpeter et Weber. Ce point me touche particulièrement, ayant eu le privilège d'accompagner des centaines de chefs d'entreprise. Ils incarnent la devise de Guillaume d'Orange-Nassau, « qu'il n'est point nécessaire d'espérer pour entreprendre ni de réussir pour persévérer ». Affirmation qui confirme l'observation de Schumpeter selon laquelle l'entrepreneur « crée sans répit car il ne peut rien faire d'autre ».

L'énergie de conviction de l'entrepreneur a besoin de l'innovation, des hommes et des femmes capables de participer au projet et enfin de l'accès aux financements et au capital en particulier.

Je déplore l'inadéquation entre les exigences actuelles du monde de l'investissement et le niveau de performance financière réaliste que les entreprises matures sont en mesure de délivrer. À l'heure ou les consommateurs, les politiques et les entreprises ont pris conscience des excès de l'externalisation des activités les moins rentables dans des contrées trop éloignées, l'idée de « relocaliser » certaines d'entre elles redevient prioritaire. Décision irréaliste tant que les gérants de l'épargne mondiale n'abaisseront pas leurs prétentions financières qu'ils imposent aux milliers de structures de capital investissement se trouvant prises entre les sources d'épargne et les entreprises.

Le monde de l'investissement dédié aux entreprises est en chasse permanente de sociétés en croissance. Elles sont schématiquement le fruit d'une innovation de rupture ou d'une approche marketing innovante. Si les sociétés ciblées ne connaissent pas de croissance organique suffisante, elles restent néanmoins attractives pour l'investisseur, tant qu'elles ont des possibilités d'acquisition de sociétés concurrentes ou complémentaires pour élargir leur territoire, leur clientèle et leur technologie. Aujourd'hui, en Occident, les investisseurs institutionnels sont friands d'entreprises pouvant être les consolidateurs de leur secteur d'activité par une politique soutenue et volontariste de croissance externe.

Quand les commanditaires du monde de l'investissement partageront les idées de cet essai, un nouvel horizon, une nouvelle frontière s'ouvrira pour les entrepreneurs patrimoniaux soucieux, leur permettant en tout premier lieu de pérenniser leur entreprise, leur patrimoine.

On ne peut terminer ce chapitre sans évoquer la très importante contribution dans l'économie sociale de l'univers associatif et coopératif. Le groupe coopératif espagnol Mondragon est à lui seul un exemple symbolique de ces remarquables réussites économiques, financières et humaines. Surprenant par son ancienneté séculaire, ses performances financières et la multitude des services publics qu'il procure à ses associés, ce groupe profitable a su constituer les fonds propres requis pour plus de dix milliards d'euros de chiffre d'affaires. La moitié des soixante-dix mille employés a le titre d'associé qui leur donne une garantie d'emploi à vie. Pour compenser, en partie, les baisses prévisibles d'emploi dans le secteur marchand, il faudra drastiquement favoriser les possibilités d'emplois du secteur associatif estimé à environ 10 % des populations occidentales. En tant que professionnel du financement de l'économie réelle, je suis conscient de la complexité d'une coexistence plus étroite entre les univers de la coopération et du capitalisme, mais relever ce défi est enthousiasmant. Le premier axe consiste à favoriser le fléchage de l'épargne vers du rendement plus faible mais plus pérenne. Une fois que le mirage de la fausse croissance sera dissipé, espérons que les gestionnaires de l'épargne accepteront des rendements plus faibles en contrepartie d'une assurance de long terme. Ce qu'ils font d'ailleurs en prêtant aux taux les plus bas aux pays les plus sûrs.

L'enseignement, la formation et l'orientation

Le taylorisme et le fordisme ont couronné les vertus de la spécialisation professionnelle comme outil privilégié de la productivité. Sa baisse tendancielle actuelle contredit cette croyance. L'adéquation entre les méthodes existantes d'éducation et de formation et la réalité économique est-elle toujours pertinente ?

L'une des grandes orientations de l'enseignement depuis la fin de la Seconde Guerre mondiale a été élaborée dans le but de l'efficacité économique. Elle a conduit à uniformiser le contenu et les méthodes d'apprentissage, sous-entendu à en limiter le champ. Ce postulat empêche l'éclectisme puisqu'il faut répondre à la quantification d'une performance. On s'écarte des valeurs d'universalité à l'origine de Bologne, d'Oxford, de Paris ou de Salamanque, berceaux intellectuels de la civilisation occidentale et des fondements du modèle économique européen.

Quand une plus grande flexibilité de l'emploi devient essentielle, comment obtenir l'adaptabilité d'une personne dont les capacités intellectuelles ont été orientées dès la préadolescence dans une seule direction ? Seules ses capacités d'abstraction et d'anticipation lui permettront d'accéder à la maîtrise du monde contemporain.

Ces diplômés sont admirés pour leur capacité de concentration, la rapidité de leurs esprits et redoutés pour leurs aptitudes à dominer. Que ce soit dans les mathématiques, les sciences, la gestion, le droit ou l'ingénierie, ils forment les bataillons d'encadrement de la machinerie universelle en recherche d'efficience et de performance financière. Mais leurs esprits sont-ils préparés et adaptés aux bouleversements à venir ?

La problématique est toute autre pour les personnes n'ayant pas, ou difficilement, cette faculté de conceptualisation. Elles sont dirigées vers une filière réduite au qualificatif de manuel comme si le geste pouvait être maîtrisé sans l'intelligence. Quoi qu'il en soit, cette voie est perçue comme dévalorisante, pour ne pas dire dégradante.

Même si le monde du travail a toujours été constitué de différentes strates, il a perdu le sens inné de la complémentarité entre elles. L'ouvrier, même le moins qualifié, avait la capacité d'exprimer les problématiques qu'il rencontrait avec les ingénieurs des bureaux d'études et des méthodes. L'ensemble de la population avait acquis les mots, les idées, les concepts permettant à tout âge et en toute circonstance d'élargir ses propres compétences. Sans cette trousse de connaissances de base, comment envisager de changer de monde professionnel ? On répond par des cycles incessants de formation professionnelle qui n'ont, dans la réalité, comme seule finalité que de passer d'une spécialisation à une autre.

La suppression en France, en 1989, du certificat d'études est regrettable. Le corpus de connaissances ainsi acquises par la quasi-totalité des citoyens a disparu. Or, c'était lui qui ouvrait la voie à la curiosité, aptitude préalable à tout changement, toute mobilité, toute agilité. Si l'on empêche d'imaginer un environnement professionnel différent de celui qu'on maîtrise, il est psychologiquement impossible de s'adapter. Dans les conditions nouvelles et contraignantes d'une baisse de la croissance, cette adaptabilité des êtres devient une condition de survie.

Depuis la Renaissance, origine de l'Occident moderne, les érudits ont construit un idéal d'être humain. Il est fait de modération et d'équilibre. Cet être idéal apprenait l'art de s'adapter à l'environnement et aux conditions extérieures, s'éloignant ainsi du sectarisme et appréciant l'universalisme. Cet idéal était certes réservé à la noblesse et à la bourgeoisie, mais avec la puissance du progrès social des derniers siècles il pouvait être étendu au plus grand nombre. Nous allons maintenant dans la direction opposée.

À la fin des années 1970 en France, un ouvrier spécialisé, premier maillon de la structure ouvrière, avait une connaissance générale lui permettant d'éviter les méprises les plus fréquentes dans ses relations d'employé, de citoyen et d'électeur. Si on persiste à modéliser les êtres, l'alerte d'Einstein deviendra une regrettable vérité : « Je crains le jour où la technologie dépassera nos relations humaines. Le monde aura une génération d'idiots ». Oui, si l'on appauvrit la capacité d'adaptation, la capacité d'intelligence s'appauvrit. Il est délicieux d'effectuer une recherche sur Internet à la double condition de savoir dans quelle direction la faire et d'être en mesure de juger de la pertinence des réponses obtenues.

Le changement de paradigme des méthodes d'enseignement et de formation doit retrouver l'esprit critique et la liberté de jugement essentiels au défi du siècle. On pouvait lire dans un article de décembre 2016 du journal *The Economist* que les théoriciens du management sanctifient le capitalisme moderne comme le clergé sanctifiait le féodalisme. Ils allaient devoir se réformer. Les gourous du management voulant régenter le monde sont confrontés à leur propre remise en cause. C'est ainsi que le mode ancestral d'éducation retrouve quelques défenseurs parmi des employeurs constatant un meilleur retour sur investissement en ayant permis à leurs dirigeants et employés d'aller s'ouvrir l'esprit au-delà de la stricte compétence professionnelle. Plus qu'une simple accumulation des savoirs, la culture doit être un moyen d'ouverture de l'esprit, un outil de liberté de pensée et un facteur d'imagination. La culture est passée d'outil de distinction à outil d'intégration sociale. L'hyperspécialisation réduit le périmètre des connaissances, celui de la curiosité et le désir permanent de rechercher.

Les psychologues travaillant sur la finance comportementale confirment que nous n'aimons pas à nous tromper et pratiquons l'autocomplaisance. Pour maintenir cette confiance en soi, nous utilisons notre intuition en écartant les informations contraires. On aime s'autoconvaincre que tout éventualité contraire à nos attentes ne se produira pas. On aurait pu croire que l'accès universel et instantané à l'information corrigerait cette inclination très humaine.

C'est bien pire quand l'information véhiculée n'est pas validée et passe pour une vérité.

Yuval Noah Harari, professeur d'histoire, est porteur de précisions. Il attire l'attention sur le fait que « pour la première fois dans l'histoire, on ne sait pas quelles compétences seront nécessaires dans le futur. On devra se réinventer tout le temps. Il faudra garder une flexibilité mentale jusqu'à un âge avancé ». Perpétuer la spécialisation précoce des enfants, c'est littéralement les condamner.

Reste l'impact de l'intelligence artificielle. Il est dit qu'environ le tiers des emplois d'aujourd'hui, pourront ou pourraient être automatisables. Il est dangereux de les figer, ces prévisions étant délicates à calculer. En revanche, le consensus recommande de ne pas s'opposer au déploiement de cette discipline du progrès technique tant les bénéfices attendus sont importants. Si nous étions dans le contexte économique et social des Trente Glorieuses, cette recommandation serait envisageable sans réserve. Mais aujourd'hui, l'aggravation d'une fracture entre les hommes et les femmes capables de maîtriser ces techniques fortement mathématisées et tous ceux et celles qui sont désemparés et démunis est bien trop inquiétante à l'aune des risque sociaux.

À propos des risques, ceux de la sécurité et de la souveraineté des États et des individus sont devenus primordiaux. La « donnée », ayant acquis une position incontournable dans l'organisation sociale des pays, doit être préservée des tentatives d'intrusion, de corruption et de détournement qui frappent les plus exposés, c'est-à-dire les plus démunis. Toute avancée dans cette direction doit être favorisée et soutenue.

On revendique l'inclusivité. Évitons déjà toute politique créant un déterminisme social favorable à l'exclusion. Évaluons les avantages et inconvénients de poursuivre la chimère d'une politique économique devenue inefficiente, ou au contraire d'envisager celle d'une société globalement pérenne, équilibrée et apaisée. Je redoute la fascination de mes camarades au pouvoir, depuis Toronto jusqu'à Singapour, pour un monde numérisé, rapide, brillant, riche mais désincarné.

7. Des raisons d'espérer

Sommes-nous perdus ?

Peut-on éviter le risque de guerre civile ?

Est-il nécessaire d'écrire un livre sur une récession sous-jacente alors que le moral des Européens souffre déjà d'une pandémie rampante, du retour de la guerre en Europe, de l'inflation rognant leur pouvoir d'achat et des alertes sur le stress hydrique ?

La réponse à ces questions est affirmative, étant précisé que les mesures traditionnelles d'accompagnement et de compensation des tourments vont les aggraver. Exactement comme l'emploi d'un extincteur plein de kérosène pour éteindre un feu !

À nous d'observer lucidement les risques et décider de les prendre personnellement à bras-le-corps. Et surtout, ne pas les reporter à plus tard ou sur d'autres. Le face-à-face de soi-même et son avenir doit commencer aujourd'hui. C'est nous, les Européens, ayant su propager la démocratie libérale, qui sommes capables de venir à son secours. Il faut se remémorer les raisons pour lesquelles la vieille Europe a été le foyer de la prospérité et de l'expansion démocratique, contrairement à des civilisations multimillénaires comme l'Inde ou la Chine.

Puisqu'il n'existe pas de différences entre les races ou les ethnies, que faut-il attribuer aux Européens pour expliquer que le « Progrès » ait pris naissance dans un polygone dont les sommets sont les plus anciennes universités comme Salamanque, Paris, Oxford, Uppsala, Heidelberg, Prague, Vienne et Bologne ? C'est dans cet espace, microscopique à l'échelle de la planète, que sont apparues les idées, les découvertes, les règles, les méthodes mises en œuvre dans ce vaste mouvement de suprématie de l'Occident, contribuant à une phase unique et exceptionnelle d'émancipation et d'amélioration des conditions de vie.

Quand on déguste les *Lettres persanes* de Montesquieu, on comprend aisément sa théorie des climats selon laquelle l'habitant d'une contrée océanique travaillant une terre souple et fertile ne peut pas penser et se comporter comme celui vivant sur une terre desséchée et où ne poussent que de rares arbustes. Le polygone du savoir européen se trouve sur les terres les plus fertiles et les plus aisées à cultiver, la richesse de la nature et la modération du climat sont donc des conditions nécessaires mais insuffisantes pour expliquer le décollage des arts et manufactures en Europe.

La prospérité européenne est le fruit « du hasard et de la nécessité[38] » associant les fondements de la civilisation européenne avec la richesse des terroirs et la tempérance des climats. Véritable potion magique, prenant naissance dans l'antiquité, raffinée entre la Renaissance et la fin du XVIIIe siècle pour être consommée sans modération depuis lors.

La composante civilisationnelle s'impose.

Ayant eu la chance de conseiller des centaines de chefs d'entreprises européennes et nord-américaines, après en avoir rencontré des milliers, je partage les conclusions de Schumpeter et de Weber sur leurs étonnantes qualités. Je constate qu'il existe des corrélations entre les valeurs qu'ils revendiquent et les préceptes spécifiques de la civilisation romano-chrétienne.

Benjamin Franklin pourrait en être le symbole. Cet homme d'affaires, de science et de pouvoir précise qu'« après l'assiduité au travail et à la frugalité rien ne contribue autant à la progression d'un homme que sa ponctualité, son équité dans les affaires, l'importance de sa bonne gestion de l'argent, sa dimension morale utile à l'esprit du capitalisme, tout comme le principe non quantifiable de l'honnêteté dans les échanges ». Ces préceptes de vie ont forgé le cadre du capitalisme industriel glorifiant les vertus de renoncement et d'efforts pour sécuriser le futur.

38. *Le Hasard et la Nécessité* est un essai du biologiste Jacques Monod (1970) dont il attribue le titre à Démocrite : « Tout ce qui existe dans l'univers est le fruit du hasard et de la nécessité ».

L'entrepreneur européen a un sens inné de la responsabilité, laquelle est une position centrale du christianisme. Il est conscient de ne pas être responsable de tout devant tous mais responsable de ses actes. Et certains aspirent même à étendre leur responsabilité aux autres, surtout s'ils sont des laissés-pour-compte. Le message chrétien étant l'annonce d'une bonne nouvelle, les agents économiques, dont les entrepreneurs sont les leaders, ont exploré spontanément le champ des possibles devant l'adversité. Ils travaillaient au futur de leur groupe d'intérêt et géraient de façon optimale la conflictualité des différentes parties prenantes. Ils œuvraient pour eux-mêmes et leurs proches mais de facto dans une perspective élargie à l'humanité dans sa globalité.

Même si la majorité des entrepreneurs n'a plus le niveau d'exigence puritaine de la morale, ils en ont gardé des réflexes qui les attirent vers l'éthique. L'un de ces réflexes est le refus de gaspiller le temps. Le temps accordé sur terre étant limité, il est un précieux trésor qui ne peut pas être dilapidé. La contemplation inactive est répréhensible quand elle survient aux dépens de la besogne quotidienne. La répugnance au travail est le symptôme d'une absence de grâce. L'ascétisme protestant s'oppose à la jouissance des richesses, le travail étant une finalité de l'existence. Travailleur impénitent, l'entrepreneur européen exige cette qualité de ses collaborateurs.

L'observation des diverses typologies d'entrepreneurs révèle des constantes. Ils adhèrent de fait au thème central chez Albert Camus de l'impérieuse nécessité de « faire son métier d'homme ». Alors que l'écrivain affiche son athéisme, cette injonction est conforme aux préceptes de la doctrine sociale de l'Église qui n'est pas réservée aux croyants mais destinée à « tous les hommes de bonne volonté ». Camus observe comment, face à une catastrophe commune, une « fraternité de combat » va apparaître, et un « courage civil » s'affirmer. Il faut travailler, ne pas cesser de douter et d'interroger pour approfondir et progresser. Cette fonction répond à la compréhension protestante que résume Paul Tillich, philosophe et théologien protestant, définissant l'idéal de la Réforme : « être à la fois soi-même et participant ». Camus élève à un niveau métaphysique le métier d'homme capable de dépassement pour défendre la vie et la liberté. L'homme qui entreprend a une conscience professionnelle élevée, conscient d'être un acteur clé de la vie sociale. Il emprunte au christianisme un rapport au temps pour s'extraire du court terme, afin d'inscrire la réflexion et l'action à l'échelle et dans la profondeur de la durée. Il se méfie de la facilité et peut résister à la séduction du public si ce dernier est dans l'attente de prises de positions démagogiques. Quelle leçon !

On complète avec la phrase de Martin Luther sur l'ambivalence du chrétien qui est : « un homme libre, maître de toutes choses ; il n'est soumis à personne. Il est un serviteur plein d'obéissance, il se soumet à tous ». Il se doit de dénoncer et de critiquer mais aussi de proposer, d'éclairer, d'ouvrir des voies pour discerner dans les temps les plus sombres les promesses de l'époque, au nom du postulat d'espérance. Il se doit d'être réceptif à la remise en question, et à l'évènement qui peut ouvrir de nouvelles priorités.

Qu'ils soient croyants, déistes ou athées, ayant tous reçu des éducations façonnées par deux mille ans d'enseignement et de tradition judéo-chrétienne, il n'est pas surprenant que les Européens aient su construire le « vivre-ensemble », à la fois facteur et symbole de paix et de prospérité commune.

Certes, le protestantisme a été le plus contributif de l'essor du capitalisme et de la prospérité vertueuse des deux siècles antérieurs à 1970. Mais c'est la racine chrétienne qui prédomine dans son exigence d'être curieux, de s'émerveiller, de prendre des risques pour comprendre, inventer et entreprendre.

Le côté révolutionnaire du christianisme est d'associer la foi et la raison. Il faut assumer le fait de croire et celui de raisonner. La foi accepte de ne pas savoir. La raison ne cesse de constater qu'elle ne sait pas mais développe, au moins depuis Descartes, une véritable mystique du doute. En se réclamant de la foi autant que de la raison, le chrétien peut espérer assumer pleinement sa mission. Plus généralement, le vieux débat opposant foi et raison apparaît mal posé. Loin de s'exclure, ces deux pôles se sont complétés pendant vingt siècles. Il n'est pas anodin que la rigueur des sagesses et du droit du monde gréco-romain ait constitué le substrat de son développement.

La sincérité économique doit être systématiquement recherchée comme étant le refus de toute duperie et toute tromperie. Cette face obscure de l'âme humaine renvoie à la morale. Comte-Sponville éclaire la différence entre la morale prégnante jusqu'en 1970 et l'éthique dorénavant plébiscitée. Au lieu de simplement déclarer que telle action est bonne ou mauvaise, on se pose la question de son éthique. D'après mon expérience professionnelle, l'éthique serait une régression de la morale qui recherche une solution absolue, impérative et universelle. La morale est intransigeante alors que les termes de l'éthique sont négociables. Mais devant l'antinomie du laxisme économique avec les servitudes de l'exigence morale, l'éthique reste un compromis. On se satisfait des critères relatifs et particuliers d'une « bonne pratique ». Max Weber parle de « l'éthique de responsabilité » pour assister la recherche d'efficacité et de résultats, elle est mue par l'obsession de la performance mais elle marginalise la question de la finalité et du sens.

En s'écartant des valeurs d'espérance ayant contribué à l'abondance et à la démocratie parlementaire on a succombé à trois tentations, coupables de stérilisation de l'enthousiasme originel :

- D'abord la mise au pas de la réalité économique, la soumettant à l'exigence cupide d'une profitabilité maximale ;
- Ensuite la surexploitation des êtres au point de créer chez certains une « *fatigue de soi* » les incitant à se réfugier dans l'irresponsabilité ou la victimisation ;
- Enfin le refus d'admettre que la personne humaine, quel que soit son rang ou sa fortune, ne peut être et ne sera

jamais maître de son destin. Limitation contraire à l'illusion des plus jeunes, convaincus qu'en étant virtuoses de la virtualité ils sont nécessairement maîtres de la réalité.

En 1848, quand Victor Hugo s'adresse à la tribune de l'Assemblée nationale pour vanter les mérites du progrès, il ne peut imaginer que le processus vertueux dont il est le témoin puisse, un jour, exiger de condamner les peuples à la perpétuité d'un endettement sans cesse croissant pour cacher une infertilité énigmatique.

La stérilité économique est une malédiction pour les détenteurs de capital et peut-être une bénédiction pour les altermondialistes partisans de la décroissance. Refusant ce manichéisme, j'aimerais parler de troisième voie. Malheureusement cette expression est tellement galvaudée que je propose celle d'un « idéalisme pratique » pour revenir aux fondements du libéralisme d'antan et au respect de la nature que nos ancêtres avaient chevillé au corps.

L'idéalisme pratique n'est qu'un résumé des leçons tirées de l'univers de l'entreprise. Et plus précisément de l'entreprise dite patrimoniale, la plus vertueuse puisqu'elle représente l'essentiel du patrimoine d'un entrepreneur. Elle est le cœur de son engagement. L'idéalisme pratique, c'est la recherche constante de solutions réalistes et réalisables, au sens de la concrétisation de la pensée, tout en résistant à la tentation actuelle de se jeter sur la solution technique comme étant la meilleure.

Pour répondre à la démesure de ce défi historique, la pensée doit se libérer, recouvrer son indépendance, et concevoir les logiques de solutions et les mots pour les expliquer. Car comment dire, comment annoncer, comment gérer les frustrations des Occidentaux contraints de s'adapter à une stagnation ? La stérilité nouvelle de l'écosystème étant ignorée et refusée, elle conduit les hommes et les femmes en responsabilité à mener une politique suicidaire et irresponsable. Le laxisme de l'éducation, de la morale et de la création monétaire a masqué temporairement la régression économique.

Les détracteurs du modèle occidental se réjouissent de cette dégénérescence. Pour eux, le modèle occidental est celui d'une civilisation obligatoire, reflet d'un mode de vie conçu par l'Occident pour l'Occident qu'il veut imposer à l'ensemble de l'humanité. Paul Valéry exprime cette supériorité en déclarant, lors d'une conférence à Zurich sur l'esprit européen en 1922 : « partout où l'esprit européen domine on voit apparaître le maximum de besoin, de travail, de capital, de rendement, d'ambition, de puissance, de modification de la nature extérieure, de relation et d'échanges ».

Dans ces conditions, d'où peut surgir l'espoir ?

La pire turpitude de l'argent magique n'est pas de laisser une montagne de dettes après s'être évaporé. C'est d'avoir donné, à toutes les générations depuis quarante ans, un sentiment illusoire d'aisance, de légèreté, de facilité. Dans des pays comme la France, la gratuité ou la facilité d'accès à l'enseignement, aux soins, aux retraites, à l'emploi garanti pour beaucoup de citoyens, à la qualité des infrastructures procurent ce sentiment trompeur qu'il en sera ainsi pour l'éternité sans subir l'impératif du travail, de quelque nature qu'il soit. Les comportements de notre passé glorieux ne sont plus audibles pour les générations actuelles : l'effort, la contrainte, la patience et le renoncement ne sont, heureusement ou malheureusement, plus de ce siècle.

Une fois passée la dernière vague d'argent facile, restera le réel. Or les milléniaux ignorent le sens de « travailler pour vivre ». Les épisodes de confinement ont accentué la tendance post-1968 consistant à rechercher en priorité le divertissement, considérant que l'astreinte du labeur ne peut être la finalité de l'existence. Sauf, éventuellement, pour faire fortune. Le dopage de la dette a donné ce sentiment illusoire et son sevrage sera d'autant plus sévère qu'il sera accompagné de frustrations. Les démissions qui se multiplient aux États-Unis et en France sont les prémices d'une fatigue de soi et d'une recherche de sens. Les démissionnaires ont oublié que le sens n'est pas ce qu'on veut faire mais ce qu'on doit faire.

L'espoir reste intact dans l'adaptabilité de l'intelligence humaine. Elle assurera, une fois de plus, la capacité à prendre en main son destin après s'être sevré de l'opiacée monétaire.

Les plus grands théoriciens de l'économie ont fondé leurs travaux sur la primauté des comportements de l'être humain qu'ils ont étudiés comme sociologues, psychologues ou anthropologues. C'est la notion de l'intérêt personnel chez Adam Smith, la rationalité esclave de nos passions de Locke, la préférence pour la liquidité ou la propension à épargner de Keynes ou encore pour Schumpeter la spécificité de l'esprit d'entreprise dans la révolution industrielle. Curieusement, nous en avons surtout retenu leur synthèse conceptuelle ou leur mathématisation. Probablement fascinés par les possibilités de la numérisation ? Méfions-nous de l'effet pervers de la standardisation et de la normalisation des actions humaines qui sont contraires à la singularité du genre humain.

L'exigence de s'adapter nous sauvera, la complaisance et le laxisme nous tueront. Alors trouvons les mots pour le dire après cinquante ans de discours caressant agréablement nos sens.

À l'instant même où j'énonce l'idée d'une stérilité de l'économie occidentale, anémiant le reste de la planète, je ne la maîtrise plus. À présent, elle doit mener son existence propre dans l'opinion. Ce qui n'enlève rien à mon engagement total pour contribuer – dans l'urgence – à la recherche de solutions pratiques et applicables pour répondre à cet état de fait.

Composé par Facompo, Rouen

Imprimé en France par CPI
en septembre 2022

Dépôt légal : septembre 2022
N° d'impression : 171864